JN242407

子どもの哲学

考えることをはじめた君へ

河野哲也
土屋陽介
村瀬智之
神戸和佳子

毎日新聞出版

子どもの哲学　考えることをはじめた君へ

はじめに

この本は、小学生の子どもたちがじっさいに抱いた問いについて、日々そうした問いに取り組んでいる哲学者たちが、子どもとともに考え進めていくという形で書かれました。子どもと考えるからといって、何かふだんと違うことをしたわけではありません。哲学の真剣な議論が、易《やさ》しい言葉で書かれています。また、哲学者からの応答は、問いの「答え」ではありません。問いについて、自分自身で考え進めていくための道筋《みちすじ》を提案しています。

本の議論のさらに先を、読者のみなさまに考え進めていただけたら幸いです。

この本にあるような問いを、誰もが一度は抱いたことがあると思います。しかし、私たちは大人になるにつれて、いくら考えても答えは見つからない、答えは人それぞれだから考えてもしかたがないと、どこかであきらめをつけてしまうのではないでしょうか。この本は、そうしたことをどこまでも問い続けることの楽しさと、対話を通じて自分の思考が少しずつ変わり深まっていくことの面白さを、お伝えしたくて書きました。

この本を読み終えたら、ほんとうは心のどこかに引っかかっていたあなたの大切な問いを、もう一度思い出してみませんか。

そして、子どもも大人もいっしょになって、その問いについて、ゆっくりと考えてみませんか。

子どもの哲学　考えることをはじめた君へ◉目次

第1章

いま君がいる世界で

第2章

ふつうってなんだろう

第3章

この世界の外がわへ

この本を手にとってくれた君に

君はどう思う?

私は子どものころ、大人はなんでも知っていて、本には自分が知りたいことはなんでも書いてあると思っていたんだ。だから本をどんどん読めば、なんでもわかるようになるって考えていた。

私は、宇宙《うちゅう》というものに関心があった。光にも速さがあって、そのスピードは秒速約三十万キロ。とても速いけれど、光は瞬間《しゅんかん》的に到着《とうちゃく》するわけじゃない。夜空の星の光も何年、何十年、星によっては何百年も時間をかけて地球に到達している。

でも、そのことを本で読んだとき、私は思った。「なぜ光のスピードは秒速三十万キロであって、二〇〇万キロとか、一〇〇キロじゃないんだろう」って。この問いについては、どの本を読んでみても、どこにも答えが書いていなかった。

だから、お父さんに聞いてみたんだ。そうしたら、「宇宙ははじめからそうなっている。ただ、そうなっているだけなんだ。光が秒速三十万キロでなければならない〝理由〟なんてないんだよ」と言われた。それから「それは科学の問題じゃなく、哲学《てつがく》の問題だな」って。

私が「哲学」という言葉をはっきりと聞いたのは、そのときがはじめてだった。でも「ただそうなっているだけ」という父親の答えは答えになっていない気がして、納得《なっとく》できなかったんだ。

大人にも先生にも、誰《だれ》にも答えられない、まだわかっていない問題がある――そのとき、そう思った。まだ、ほんとうはわかっている人は誰もいないから、誰かに教わることもできなくて、自分で考えるしかない。自分一人で考えてみてもわからなければ、みんなで考えてみる。ああかな、こうかなって、話し合いながら。まだわかっていない問題には、大人も子どもも、先生も生徒も関係ない。みんなで考えるしかないんだ。世界には、そういう問題がたくさんある。

人はなぜ生きるのか？　幸せってどんなとき？　人は死ぬとどうなるの？　心はどこにある？　魚は何を思っているの？　どうして勉強しないといけないの？　なぜ子どもが化粧《けしょう》をしてはいけないの？　地球が消滅《しょうめつ》することはある――？

こうした問題は、どの教科書にも載《の》っていない。だって、誰にも正解《せいかい》がわからないから。これが正解です、と教科書に書けないんだ。みんな一度は考えたことがあるはずなのに、誰もほんとうに納得できるまでは考えていない。途中《とちゅう》まで考えた問題たちをつくりかけの模型《もけい》みたいにただ放り出してあるだけなんだ。

この本には、みんなが疑問に思っているけれど誰も教えてはくれない、そんな問題を集めました。すると、それは「哲学」って呼《よ》ばれている分野の問題だったんだ。

みんなが疑問に思っている問題に、私たち四人――ツチヤくん、ムラセくん、ゴードさん、そして私、コーノくんがなんとか頭をしぼって考えてみた。けれど同じ問題でも、四人とも答えが違《ちが》うね。君もまた、四つの答えになかなか納得できなかったり、なんとなくすっきりしないかもしれない。

そんなときは、みんなで考えてほしい。お母さんやお父さんと、おばあちゃんやおじいちゃんと。そして担任《たんにん》の先生や仲の良い近所のおねえさんと。それから照れくさいかもしれないけれど、友だちと、ね。

きっと、いままで自分一人では考えもしなかった意見を聞いたり、なるほどって思う考えに出会う。そうやって、ほんとうに考えたい問題について、みんなでお茶やジュースでも飲みながらゆっくり考えるのが、哲学なんだ。

哲学をはじめると、どうでもいいことは空高く投げ捨《す》てられるようになる。自由になれる。気楽に、のんびりはじめよう。

ようこそ、哲学カフェの世界へ。

河野哲也

カバーデザイン　MORNING GARDEN INC.
イラスト　熊谷理沙

第1章

いま君がいる世界で

なんのために学校はあるの？

子どもの仕事場

　この質問《しつもん》を考えたということは、君は、学校を面白くないと思っているんだね。だってなんで遊園地はあるのか、とは聞かないでしょう？　遊園地は面白いから、そんな疑問《ぎもん》を感じる必要はないんだ。

　でも君は、なんのために会社や工場や田畑があるのか、とも聞かないよね。そのどれもが「仕事場」で、仕事をしないと生活できないということを君は知っているから。

　じつは学校って、そんな「仕事場」の一種なんだと思う。工場でもじっさいに作業をする前に、最初に機械の仕組みや材料の扱《あつか》い方を勉強するでしょう？　学校の勉強はそういう仕事のための準備《じゅんび》なんだと思う。大人のしなければならない仕事はいろいろあって、会社や工場で働くだけではなく、選挙のときには投票するし、場合によっては選挙に出たりもする。役所で手続きすることも必要になるし、裁判員《さいばんいん》といって裁判で判決《はんけつ》を出したりもする。そうしたいろいろな仕事の最初の部分を学校でやっているだけなんだ。だから、学校でやることを「勉強」なんて呼ばずに「仕事」だって言えばいいのにね。

それにしても学校って、大人になったらけっしてやらないことをやっているよね。それってむだだと思うな。もしそうじゃないのなら、大人になったときにどんなふうに役に立つのか、もっと教えてくれればいいのにね。

ふだんと違う特別な場所

学校と仕事場はだいぶ違う気がするなあ。だって、仕事場や家にないものが学校にはたくさんあるもの。

学校には図書館があって、本がたくさんあるよね。これだけの本を一人で集めようと思ったら大変だ。音楽室もあって、そこにはいろいろな楽器がある。小学生のときにシンバルを演奏《えんそう》したことがあるけれど、シンバルをもっている家なんてなかなかない。プールだって、図画工作室の機械だって、僕《ぼく》のまわりでは学校にしかないし、学校ではじめて見て、使い方を習ったよ。もちろん、シンバルだってそうだ。

僕が哲学の本をはじめて読んだのは学校の図書館だったし、友だちも学校で会って仲良くなった人が多い。勉強だって、スポーツだって、友だちから教えてもらってできるようになったことが多い。だから、学校ってふだんは出会えないものや人に触《ふ》れて、それを詳《くわ》しく知ることができる、そのための場所なんじゃないかな。仕事に必要なことなんて、仕事をはじめてから教えてもらえばいい。

え？　でもそんなふうに友だち同士で教え合ったりしていないし、君の家には本がたくさんあるって？

もし学校でしかできないことが君にとってほんとうに意味のないことだったり、先生が学校でしかできないことを授業《じゅぎょう》でやってくれないのだとしたら、君にとって学校はいらないし、もちろん、行く必要なんてないと思う。学校がほかのどこにもない「特別な場所」だってことは、大人になってから僕は知ったけれど、特別だからって、大切だとは限らないからね。

社会のミニチュア模《も》型《けい》

たしかに学校にあるものって、学校以外ではなかなかお目にかかれないものが多いよね。でも、そういう珍《めずら》しいものがたくさんあるくせに、学校にはプロが仕事で使うような「ほんもの」の道具や設備《せつび》はほとんどない。

理科室の実験器具は、科学者が研究室で使うものほど本格的ではないし、家庭科室の調理設備は、レストランの厨房《ちゅうぼう》にはまったくかなわない。英語の先生はたいてい日本人だし、児童会の活動だって国会や選挙の真似《まね》ごとみたいなもの。そう考えると学校って、みんなで「おままごと」をしているみたいだね。

もしかすると学校は、ほんものの仕事じゃなくて仕事の「おままごと」をするための場所なのかもしれない。デパートの食品売り場の試食コーナーみたいに、いろいろな仕事を「お試し版《ばん》」でとにかくたくさんつまみ食いして、どれが自分にいちばん合うのかを探す場所なのかもしれない。そう考えると、学校は社会のミニチュア模型のようなものかもね。

だとしたら発想を逆転《ぎゃくてん》させて、社会全体を学校にするというアイデアはどうだろう。たとえば、家庭科で料理づくりを勉強するときにはじっさいにレストランを訪《おとず》れてコックさんといっしょに働きながら教えてもらったり、国語で漢字を勉強するときには本屋さんへ行って店員さんといっしょに本棚《ほんだな》の整理をしながら漢字の読み方を教えてもらったりするんだ。

学校という特別な場所で「おままごと」を通して学ぶのではなくて、社会でじっさいに働きながら学ぶようにするってこと。そうすれば、毎日別の場所へ行って、たくさんの人たちに教わることができるから、勉強にあきることもなくなるんじゃないかな。

まとめ……どうして毎日学校に行くのかな

学校に通いはじめるときって、自分から「行きたい」と言ったり、「行くぞ」って決めたりしたわけではないよね。六歳《さい》くらいになると、突然《とつぜん》「子どもは学校に行くものなんだよ」「あなたももうすぐ一年生だね」なんて大人に言われて、学校に行きたいと思わなくても、入学式の日がやってくる。学校に行くのが楽しかったとしても、ときどき「それにしても、どうして毎日学校

へ行くのかな」と考えてしまうね。

コーノくんは、学校というのは大人がやっている「仕事」の最初の部分——仕事のための準備期間だと言っている。大人が仕事をしなければならないのと同じように、子どもも必ず学校へ行かなければならないというんだね。でもムラセくんは、学校は仕事と関係なく、もっといろいろなことに出会う場所だと考えている。そして仕事ではないのだから、学校だって行きたくなければ行かなくていいとも言っている。どうやら「学校」について考えるときには、大人の「仕事」との関係を考えることが重要なポイントみたい。あなたはどちらの意見に賛成《さんせい》かな。

それからツチヤくんは、コーノくんとムラセくんのどちらが正しかったとしても、学校はなくなってもいいと考えている。それは、仕事のことも仕事以外のことも、学校で教わらなくても社会のなかで学ぶことができるからだって。これはほんとうかな？

学校に行かないとどうしても学べないことってないのかな？　もしないのだとしたら、どうして学校なんてものが世界にはこんなにたくさんあって、多くの子どもが学校に通うんだろうね。何か、まだほかにも理由があるのかな。

友だちはたくさんつくるべき？

無理につくらなくていい

浅く広く友だちがいたほうがいいか、少数でもほんとうの友だちがいたほうがいいかということかな？　でも、友だちってつくろうと思って、つくれるものなのだろうか。気が合えばつきあっていればいいし、ケンカしたら少し距離《きょり》をとればいい。気が合わないなら、無理につきあわなくてもいい。ましてや、嫌《きら》いな人となんか、どうして友だちになる必要があるだろう。

「この人はほんとうの友だちか」なんてことも考える必要はないよ。君はそういうことを考えて、人をいろいろと区別してつきあうのかい？　そんなことするのって、君のほうが、なんだか差別しているみたいだ。

私のことを考えると、小学校や中学校の友だちなんて、もうほとんどつきあいがない。大人になってからも、十年以上のつきあいがある人はあまりいない。それでもさびしくないし、そのときそのときで信用できる人がいればいい。自分と仲が良いかということよりも、その人が誠実《せいじつ》で信用できる人かどうかのほうが大切だと思うよ。

もう一つ大切なこと。友だちは無理につくるものでもないし、いつまでもいっしょにいられる友だちなんていないということ。しょせん、他人なんだ。じつは家族もね。だから、友だちがいなくてもさびしいと思わないように自分を鍛《きた》えておこう。孤独《こどく》に強くなるように訓練するんだ。

友だちにもいろいろな種類

僕は中学校や高校で哲学対話の授業をやっているけれど、「友だち」をテーマに哲学対話を行うと「ほんとうの友だちとクラスや部活の友だちの二種類がある」とか「親友とただの友だちは違う」という意見がよく出てくる。たしかにどちらも「友だち」っていう言葉を使うけれど、この二つはかなり違うよね。

クラスの友だちってどんな感じだろう？　中高生は一日の大半を学校で過ごさなくちゃいけな

くて、しかも学校にいる間のほとんどの時間は、クラス単位で集団《しゅうだん》生活を送らなければならない。クラスメイトとは嫌でも毎日顔を合わせなければならないし、そのなかで協力し合うために人間関係をつくっていかなければならない。

これはとっても息苦しいことだから、そういうクラス制度《せいど》はほんとうは変えていったほうがいいと僕は思っているのだけれど、それはさておき、そんなクラス生活を少しでもマシにするために、ちょっとでも気の合う人といっしょにいるっていうのがクラスの友だちなんじゃないかな？

これは大人ならきっと「同僚《どうりょう》」と呼ぶ程度《ていど》の関係で、ほんとうの意味での友だちではないと思う。少なくとも僕自身は、中学生のころまではクラス生活に必要だから、仕方なく「クラスの友だち」を何人かつくっていたという感じで、より積極的に、この人ともっと話をして刺激《しげき》し合いたいから友だちになりたいという人とはじめて出会えたのは、高校に入ってからだった。つまり、「ほんとうの友だち」がはじめてできたのは、高校生になってからなんだ。

友だちをたくさんつくったほうがいいかどうかは、どういう種類の友だちが、なぜいまの自分に必要なのか次第で変わってくるんじゃないかな。

きちんと話せる少しの友だち

僕は、「少しは」友だちがいたほうがいいと思う。僕には十年以上つきあいのある友だちが何人かいるけれど、その人たちといまでも気が合うかと言われると、自信がないな。

もちろん、むかしは同じ学校だったり、趣味《しゅみ》が合ったりして、共通の話題も多かった。でもみんな大人になって、いろいろな仕事をしているし、いろいろな場所に住んでいる。共通の話題はあまりないんだ。でも、ときどき会って話をすると、ふだんの自分と違った状況《じょうきょう》にいるから話をしていてとても楽しいし、ためにもなるんだ。こういうのを視野《しゃ》が広がるって言うのかな。

コーノくんの「誠実さや信用できる」とちょっと似ているけれど、友だち関係においては、意見が違っていてもちゃんと話ができることが重要だと思う。だから、そんな友だちが一人もいないとさびしい気がするけれど、大勢いる必要はない。ちゃんと話ができる相手——つまり、自分がリラックス（安心）して思ったことを話せる、また、自分の意見をきちんと聞いてくれる人が少しだけいれば十分だ。

でも、こういう関係って意外と難《むずか》しくて、意識《いしき》してつくらないといけないし、意識して関係を続けないと壊《こわ》れてしまう、とも思うんだ。これってきっと、友だちだけじゃなくて家族や恋人でも同じだね。

まとめ……そもそも友だちってなんだろう

「友だち」ってよく使う言葉だけれど、三人の話を聞いていたら、そもそも友だちとはどういう人のことなのか、よくわからなくなってしまったよ。

ツチヤくんが言うように、友だちにもいろいろな種類があるのかもしれない。それに、自分の友だちのことを考えてみると、一人一人の友だちと自分との関係は、どれもそれぞれ違っているような感じもするな。それから、友だちを「つくる」という言い方も、よく考えてみると少し変だよね。コーノくんの言うように、友だちって、がんばって「つくる」ものではないような気もする。

三人はそれぞれ違うことを言っているように聞こえるけれど、じつは三人とも「まわりの人たちとどんな関係を築《きず》いていくのがいいか」ということを考えている。誰かと自分は友だちだと言えるかどうか、友だちと呼べる人の数が多いか少ないか、ということよりも、自分のまわりにいるあらゆる人たちとどんなふうにつきあっていくか、ということのほうが、ずっと重要な問題なんだね。

コーノくんは誠実で信用し合える関係を築くこと、ムラセくんは意見が違っても「安心して」きちんと話のできる関係を続けることが大切だと、それぞれ言っている。ツチヤくんは毎日気持ちよく生活するために、いっしょに過ごす人たちとの関係をよくしておくことが必要なこともあると言っている。どの意見も、もっともだと思うな。

それに、「友だち」ってあなた一人でどんなに考えても答えが出ないものなのかもしれないね。コーノくんは「しょせん他人」と言っていたけれど、あなた自身ではないほかの人と、あなたがほんとうにわかり合うことなんてできるんだろうか。

あなたは、まわりの人たち一人一人とどんなふうにつきあっていきたい？　「友だち」「親友」「仲良し」といった言葉を使わずに、ほかの言葉で考えてみて。

どうして勉強しないといけないの？

世界が広がり自由になる

この問いにある「勉強」という言葉は、きっと学校で習うようなことを指しているんだよね。僕は、そもそも「しないといけない」わけではないと思う。休みたいときもあるだろうし、ほかのことに興味《きょうみ》をもつ時期もある。そのときは、それをせいいっぱいしたらいい。世のなかではあまり強調されてはいないけれど生きていく上ではせいいっぱい休まないといけないときだってあるんだ。

でも、勉強はしておいたほうが「お得」だとも思う。学校で勉強することを全部覚える必要はまったくない。だけど、「こういう種類のことがある」「こんなにいろいろなことが世のなかにはあるんだ」ということは覚えておいたほうがいい。

それは君の考えの幅《はば》を広げてくれる。考えの幅が広がると、君はもっと自由になることができる。アメリカという国自体を知らなければ、アメリカには行きようがない。それと同じだ。多くのことを知り、考えの幅が広がると、選択肢《せんたくし》が増える。この選択肢は「可能性《かのうせい》」って言い換《か》えてもいい。勉強をすることで君の可能性は広がって、君はどんどん自由になることができるんだ。こんな簡単《かんたん》に自由になれるのなら、勉強ってかなりお得な気がする！　そんな気がしてこないかな？

ただ、学校で習うことのなかには、考えの幅を広げるのに役に立たないどころか、邪魔《じゃま》になるものもある。そういう時間は、真面目《まじめ》に授業《じゅぎょう》を受けるフリをしたりして、やり過ごせばいいよ。

自分や社会にとって必要かどうか

僕は哲学対話の授業で中高生たちとしょっちゅう「どうして勉強しないといけないのか」について考えている。そのとき僕がよく言うのは、具体的に「どういう勉強がなぜ必要」で、「どういう勉強がなぜ不必要」かを一つ一つ細かく考えて議論《ぎろん》してみるといいよってこと。大事なのは、

その勉強が自分にとって好きか嫌いかと、その勉強が自分あるいは社会にとって必要かどうかを分けて考えてみることだと思う。

たとえば、漢字の書き取りはたしかに退屈《たいくつ》でつまらないかもしれない。だからといって、漢字の勉強があなたにとって不必要だということにはならない。だって、最低限《さいていげん》の漢字の読み書きができないと、本や新聞も読めないし、ひらがなだらけの読みにくい文章しか書けなくなるからね。

だったら、円や台形の面積の計算はどうなのさって思うかもしれない。たしかに、ほとんどの大人にとっては社会に出てから円の面積を求める機会なんてないから、多くの人は図形の面積の求め方なんて勉強する必要はないかもしれない。でも、技術《ぎじゅつ》者《しゃ》や科学者になる一部の人にとっては、これらの知識《ちしき》は基本中《きほんちゅう》の基本として必要だ。だとしたら、これらを学校でみんなが勉強することはやっぱり必要だってことになる。だって、いま、学校に通っている誰がどんな仕事につくかわからないんだから。社会としては、こういう重要な基本的知識は全員の子どもに教える必要があるわけだ。もしかしたら、いまは算数が大嫌いなあなたも、ちょっとしたきっかけで将来《しょうらい》は技術者や科学者になるのかもしれないよ。

勉強しないといけない理由は、思っていた以上にたくさん見つかると思う。そして、この問いに自分なりに納得した答えを出してから取り組む勉強は、お母さんにうるさく言われてする勉強よりも、ずっとやる気が出るはずだよ。

勉強しなかったら後悔《こうかい》する

君は、親から「勉強しなさい」ってくり返し言われているのかな。いつもそんなふうに言われ続けていると嫌になっちゃうよね。でもどんな仕事をするにしても、社会で生きていく上で、小学校で習うことはすべて絶対に必要となるもので、それを勉強しなかったら、大人になってから絶対に後悔する。これは私が保証《ほしょう》するよ。

でも、君の親や先生は、それが生活にどういうふうに役立っているか、将来どんなことができるようになるか、これを知っておくといかに心が豊《ゆた》かになるかということを説明してはくれないんだよね。なんのためにやるかわからないことを、無理にやることほどつまらないものはないよね。遊びやスポーツは、やっていること自体が楽しい。勉強のなかには、やってもそれ自体はあまり面白くないものがあるかもしれない。たとえば、漢字を覚えるということなんて、私も好きではなかった。

でも、知らないことを知ったり、わからないことを考えたりすることは、ほんとうはすごく楽しいことなんだ。君の親も先生も、楽しく勉強するにはどうしたらいいのか、きっとやり方をあんまり知らないのだと思う。だから、あなたに「勉強しなさい」としか言えないんだよ。じゃあ、どうすれば楽しく勉強できるかな。

それは、君の好きなことを探求《たんきゅう》するんだ。絵を見るのが好きなら、いろいろな絵を見る。野球が好きなら、どうやればうまくなるかを徹底的《てっていてき》に調べて、練習する。昆虫が好きなら、集めて調べる。君にも何か好きなことがあるはずだよ。

まとめ……なぜ大人は勉強させたがるのかな

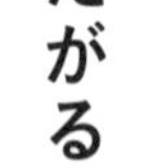

この本のはじめのほうでも「なんのために学校はあるの？」という問いを考えたけれど、学校は自分が行きたくて行きはじめたわけじゃない。学校の勉強も、自分がやりたくてやりはじめたわけじゃないんだよね。だから、どうして勉強するんだろうって考えてしまうのは、あたりまえだと思う。

でも不思議なことに三人とも、勉強をする理由は、自分自身のなかに見つかるはずだと言っているよ。ムラセくんは考えの幅を広げて自由になるために、ツチヤくんは今後の生活や仕事に必要なことだから勉強するのだと言っている。コーノくんは勉強すること自体が楽しいと言っている。ムラセくんとツチヤくんは未来の自分のために、コーノくんはいまの自分のために勉強しているという違いはあるけれど、三人とも、自分自身のために勉強するという点では同じだね。

「勉強するのは自分のため」なんて言われても、全然納得がいかないかな。そんなあなたには、大人たちの秘密を一つ教えるよ。

じつは、大人が子どもに「勉強しなさい」と言う理由と、人が勉強をするほんとうの理由は、違っていることがあるんだ。だから、この二つをいっしょにしてはいけない。大人に「勉強しなさい」と強く言われたときには、まず「どうしてこの人はそんなに私に勉強させたがっているのかな」と考えてみるといいよ。そして、あなたが勉強をするほんとうの理由は、大人があなたに勉強させたい理由とは別に、あなた自身で見つければいいんだ。

頭が良い人ってどんな人？

頭の回転が速い人？

ツキヤ

この問いは、中学校や高校での哲学対話の授業では特に人気があるよ。この問いをめぐって中高生と対話をすると、意外にも「勉強ができる人」「成績の良い人」のような意見はあまり出てこないんだ。

では、どんな人を「頭が良い」と思うのかというと、たとえば「要領《ようりょう》の良い人」「状況判断《じょうきょうはんだん》が的確《てきかく》な人」「アドリブの利《き》く人」といった意見が多く出る。つまり、知識のあるなしではなくて、現状《げんじょう》を冷静に分析《ぶんせき》して適切な判断を下せる人が頭が良いってことだね。たしかに、そういう人は頭の回転も速いし、勉強も効率よくできるから、きっと成績も良いのだろう。

でも、もし頭の良さがそういう能力を身につけることだとしたら、そもそも学校に通う必要はあるんだろうか。学校で知識を学ぶより、むしろ部活やボランティア活動で社会と関わるほうが、そういう分析力や判断力を磨《みが》くことはできる気がする。だとしたら、学校で勉強する意味って、いったいなんだろう？

また、この考え方でいくと、一流のスポーツ選手や人気タレントたちは、ほとんどが頭の良い人だってことになるよね。自分がいま置かれている状況を素早く分析して、その場にふさわしい判断をとっさに下せなかったら、スポーツやテレビの世界で生き残っていくことはできないはずだから。だとするとそういう人たちは、たとえじっさいには学生時代の成績が悪かったとしても、もしそのころに本気で勉強に打ち込んでいたとしたら、必ず良い成績をとれていたんだろうか？もしも一流のサッカー選手が、学生のころにサッカーに出会わずに勉強に目覚めていたとしたら、その持ち前の分析力と判断力を活《い》かして、必ず一流の大学に入れていたと思う？

自分の無知を自覚する人？

僕は、頭の良い人は「謙虚《けんきょ》な人のこと」だと思うな。たしかにツチヤくんの言うように現状を

冷静に分析して適切に判断を下せる人や、いろいろな知識をもっている人も頭が良い人って感じがする。だけど、自分が何かができるからといって、そのことを誇《ほこ》って人をばかにしたりする人って、どうなんだろう。ほんとうは頭が良いわけではない気もする。

　頭の良さってむしろ、自分の現状に満足しないで動き続けることにあるんじゃないかな。この「謙虚さ」と似たことを、「自分がものを知らないということを知っていることだ」って言った人がいるんだけど、その感覚に近いかな。この言葉は「無知の知」なんて言われている。判断力がある人や知識をもっている人は、何かが「できる」人っぽいけれど、むしろ自分がどれくらい「できない」か、足りないのか、そのことを強く意識している人こそほんとうに頭の良い人だし、頭が良い状態であり続けられるんじゃないかな。

良い脳《のう》をもった人？

　そもそも「頭が良い」って変な言い方だよね。なんだかいろいろなことをまとめ過ぎじゃないかな。

たとえば、料理上手で包丁を器用に使う人や、縫《ぬ》い物が上手な人、素晴らしいピアノ演奏をする人など、いろいろな人がいるけど、それを全部まとめて「手が良い」なんて言わないよね。走るのが速い人と、スケートの上手な人をまとめて「足が良い」なんて言わない。「心が良い」も、やっぱりほとんど言わない。優《やさ》しいとか、真面目だとか、どんなふうに良いのかをちゃんと言うよね。それなのに、どうして「頭が良い」なんておかしな言い方があるんだろう。ツチヤくんやムラセくんが言うように、いろいろな良さがあるのだから、それをきちんと言えばいいのに。

おそらく頭が良いと言いたくなるときには、頭のなかにある脳のことを考えているんだと思う。何かがよくできる人を見たときに、「そんなことができるのは、この人が生まれつき、人よりも良い脳をもっているからだ」と推測《すいそく》しているんだ。だから、頭が良い人というのは、きっと「良い脳をもった人」という意味だと思うよ。脳はいろいろなことをするときに働いているから、いろいろな良さを、脳の良さのおかげだと考えることができるんじゃないかな。

だけど、やっぱりそれもおかしい。だって、その人がすごいのにはほかの理由があって、脳のおかげではないかもしれない。それに、脳は生きている限りいつも働いているのだから、ピアノが上手な人も、足の速い人も、よく眠《ねむ》る人も、何かがよくできる人は全員「頭が良い人」ということになってしまうはずだよ。

まとめ……気にしないで好きなことをやろう

君は、学校の成績が良ければそれで頭が良いことにはならないと思っているんじゃないかな。ツチヤくんもムラセくんもゴードさんも、頭が良いって、単純《たんじゅん》に学校の成績が良いのと同じことではないって言っている。ツチヤくんは、その状況でうまく判断できる人は頭が良いという中高生たちの意見に少し疑問を感じている。ムラセくんは、謙虚な人は学び続けることができるから頭が良いという。ゴードさんは人間にはいろいろな能力があるから、全部ひっくるめて頭が良いなんてありえないって言う。私はゴードさんの考えに賛成だな。「頭が良い」っていろいろな意味で使う言葉だよ。

でも、それ以前に、なぜ君は頭が良いかどうかってことを気にするのかな。私は、自分が頭が良いかどうかなんて全然気にならない。自分のやりたいことに夢中になっていると、人からどう思われるかはあまり気にならない。頭が良いかどうかなんて、長い人生のなかでは、考えてもあまり意味のないことだよ。

人にほめてもらいたくて勉強している人は、学校の成績が良くても、人にほめてもらい満足するとそこで勉強をやめてしまう。面白い勉強はほかにもたくさんあるし、いくら勉強してもわからないことが絶《た》えず出てきて、だからこそ探求しがいがあるというのに、えらい人に認《みと》められたと思うと勉強しなくなっちゃう人がいる。もったいないね。自分の頭が良いかどうかを考えるよりも、自分の好きなことを見つけて夢中になったほうがいいよ。

お母さんの言う通りにしたほうがいい？

お母さんはたいてい正しい

この問いを考えてくれた君は、いつもお母さんの言うことを聞いていたら、友だちに「君は母親の言うことを聞き過ぎる」と言われてしまったんだよね。どういうときに、君はお母さんの言う通りにすればいいと思う？　言う通りにするときの理由を考えてみよう。

一つ目。お母さんが正しいことを言っているから。この答えのポイントは「お母さんが言ったから」ではなくて「正しいから」そうする、というところだ。お母さんでなくても、誰かが正しいことを言っている場合は、その考えにしたがったほうがいいよね。

二つ目。お母さんは「たいてい正しい」から。これは、君に自分の意見がないときに有効《ゆうこう》だね。よくわからないときや、自分では判断がつかないときは、お母さんなど信頼《しんらい》できる大人の言うことを聞いておいたほうがいいかもしれない。

三つ目。言う通りにしないと、お母さんが怒《おこ》ったり悲しんだりするから。もしかすると、じっさいにはこれがいちばん大きな理由かもしれない。けれどこの理由だと、ほんとうにしたがっていいかどうか迷うよね。お母さんが言っていることが正しいとも思えなくて、言う通りにしたくない場合などは、すごく迷う。そういう場合は言う通りにしなくてもいいと思うよ。

でもそんなときは、言う通りにしたくない理由をきちんと伝えなくてはいけない。自分の考えを伝えて、お母さんの意見もしっかりと聞こう。じっさいに自分の思った通りになるかはわからないし、お母さんの怒りや悲しみはなくせないかもしれないけれど、君が考えていることを理解してはくれるんじゃないかな。

どうやら、言う通りにするかどうかはその理由次第で、場合によっては言う通りにしなくてもいいみたいだね。

お母さんが正しいという思い込み

ツチヤ

ムラセくんは、お母さんの言う通りにしていい二つ目の理由として、「お母さんはたいてい正しいから」と言っている。でも、これはほんとうだろうか？　ムラセくんはこのことを特に疑ってはいないみたいだけれど、僕はここに引っかかりを感じるな。

たしかに、たいていの場合、お母さんが言っていることは正しいし、その意味でお母さんはあなたにとって信頼できる大人であるように思われる。では、そもそもなぜお母さんは、あなたに正しいことを伝えるのだろう？

たぶんその一番の理由は、お母さんがあなたのことを愛しているからだ。あなたが大切で、あなたの幸せを心の底から願っているからこそ、お母さんはあなたに「正しい」（少なくとも、お母さん自身が「正しい」と信じている）ことを伝えて、あなたを間違った道に進ませないようにしているんだ。

でも残念ながら、すべてのお母さんが子どもを愛しているとは限らない。なんらかの理由でお母さんが子どものことを嫌いになり、子どもよりも自分の幸せを優先《ゆうせん》させているような場合もある。そんな場合には、お母さんは自分が得をするために、子どもにうそをつくかもしれないし、子どもにわざと「間違った」ことを教えるかもしれない。そんなときに、子どもがそれに気づかず「お母さんの言うことだから」と何も考えないでしたがっていると、結局は子ども自身が不幸になってしまう。だから僕は、お母さんの言う通りにしてはいけない場合もあると思うし、最終的にその判断は、子ども自身がよく考えて下さなければならないと思うな。

自分の道をゆこう

ムラセくんやツチヤくんの言っていることもわかるけれど、ほんとうの問題は別のところにあるんじゃないかな。二人が言うように、自分が正しいと判断したときには、母親の言うことでもきちんと反論したり、したがわなかったりするほうがいいよね。でも、そういう質問をする君は、何かを判断するときには、いろいろ考えて自分自身で決めなくてはいけないということをもうわかっているよね。

でもきっと、その友だちはそういうことではなく、「母親の言うことばかりを聞いていないで、もっと自分たちにつきあえ」って言っているんじゃないかな。友だちにとって、君のお母さんが正しいかどうかが問題なんじゃない。もっと簡単に言うと、家族よりも自分たちを選べって言っているんじゃないかな。もしそうなら、そして君がその友だちを好きなら、いっしょに行動すればいいよ。

でも面倒《めんどう》くさいとか嫌だなと思ったら、「そんなにいっしょにいてほしいか」と言ったらどう？　低く静かで、でも強い声でね。きっと友だちは君に無理を言わなくなる。お母さんの言うことばかりを聞いているのもおかしいように、いつも友だちの言うことばかりにしたがうのもおかしい。親からも、友だちからも、適度《てきど》に距離《きょり》をとるんだ。自分の道をゆこう。

まとめ……世のなかアドバイスだらけ

自分がすることって案外、自分一人では決められない。あなたはまだ子どもだから、大人から「こうしなさい」「そんなことをしてはいけないよ」などと言われることが多いよね。

それに、行動に指図をしてくるのは、大人だけじゃない。兄弟姉妹や、同年代の友だちも、あなたのすることにいろんなアドバイスをしてくる。テレビや広告、本などを見ても、食べ物や服《ふく》装《そう》、勉強のやり方、遊び方――ありとあらゆるアドバイスがある。ほんとうに、世の中アドバイスだらけだね。いったい、誰のどんな言葉にしたがったらいいんだろう。自分一人で決められないのは、じつは多くの大人も同じだということに、あなたはもう気づいているかな。だから、いまはまだ子どものあなたが人の言うことにしたがっていていいのか疑問に思うのは、とてもいいことなんだ。

はじめの問いは、「お母さん」の言う通りにしていいか、というものだったけれど、三人の話を聞いていると、どうやらそのアドバイスをしたのがお母さんかどうかというのは、そんなに重要ではないみたい。まずいちばん大切なのは、そのアドバイスの「内容が正しいかどうか」ということ。言ったのが誰かということとは関係なく、内容が正しいとあなたが考えたなら、それにしたがえばいいんだね。

でも問題は、内容が正しいかどうか、自分では判断がつかないようなときだ。そんなときには誰の言うことを聞いたらいいのかな。ムラセくんは、いままでによく正しいことを言っていた、信頼できる人にしたがうといいと言っている。なるほど、それはいい考えだね。でも、そういう人でも間違ってしまうことはあるのではないかな。

ツチヤくんは、アドバイスをする人がほんとうにあなたのことを愛していて、あなたのためを思って言っているかどうか、見きわめようと言っている。でも、コーノくんが言うように、たとえば友だちが「君のお母さんよりも僕たちのほうが君のことを大切に思っているから、僕たちの言うことを聞いたほうがいい」と言ってきたら、どうすればいいんだろう。誰がいちばん自分のことを思ってくれているかなんて、どうしたらわかるのかな。

それに、いくらあなたのためを思って言ったとしても、やっぱり、間違ったことを教えてしまうことはある。だから、あなたを愛してくれる人の言葉ならいつでも必ずしたがっていいということにはならない。それなら、ほかにどうしたらいいんだろう。

コミュニケーションスキルをアップする方法は？

話す前に立ち止まって考える

この問いを考えたってことは、あなたは「まわりと話がかみ合わない」と感じているんだよね。まわりの子と話がかみ合わないなんて、あなたはきっと頭が良いんだね。こう言うとびっくりするかもしれないけれど、あなたのほうが考えるスピードが速くて、相手があなたの話についていけていないときは、あなたも相手も「なんだか会話がかみ合っていないな」とお互《たが》いに感じるはずだよ。

まわりと話がかみ合わない理由にはいろいろなことが考えられるけれど、まわりの人たちと思考のスピードがズレていて、会話がうまくできないというのは、じつはよくあることだ。思考スピードが速すぎて、どんどん先まわりして話を進めてしまうと、ほかの人はなんでいまそのことが話題になっているのか、わからなくなるんだ。

もちろん、頭の回転が速いのは基本的には喜ぶべきことだから、あなたが困っていないのなら、このままでいいと思う。でも、もし困っているのなら、いい訓練法がある。何かを言う前に一瞬《いっしゅん》、黙《だま》るくせをつけて、いま言おうとしていることが前の会話と「どうつながっているか」を考えてみるんだ。「自分ではつながっているつもりでもほんとうにつながっているかな」「自分が他人だったらそのつながりはわかりやすいかな」とか。これに慣《な》れると、話すスピードも落ちてゆっくり話せるようになるし、相手にわかりやすい表現を選ぶようになるから、まわりがあなたについてこられるようになる。しかもこれは、落ち着いてゆっくり整理しながら考える練習にもなるから、考えることをより深く味わい尽《つ》くせるようにもなるんだ。

君に話しかける二つの理由

ツチヤくんが言うように、いまの君のやり方を無理に変える必要はないと思う。まずは、君から相手とコミュニケーションを続ける気持ちを大切にしよう。

でも、相手が君に話しかけるときには、大きく分けて二つの理由がある。一つは、何か自分の問題について相談して、君からなんらかの解決法を聞きたいとき。「今日、おじいちゃんの誕生日なんだ」と相手が話したとき、その人は「おじいちゃんに何をしてあげたらいいか」ということを聞きたいんだ。そんなときには、「折り紙をあげるのはどう？」といった、君が思う解決法やアイデアを言ってあげればいい。

でももう一つ、それとは全然別の場合がある。それは相手が自分の考えをただ聞いてほしいときだよ。たとえば、相手が「手紙を書いてあげるんだ」と言ったときには、もっといいアイデアを君から聞きたいんじゃない。自分の考えをただ単に君に聞いてほしいだけなんだ。そういうときには、相手は「それでいいんじゃない」とか「いいね」って言ってほしいんだよ。

いっしょに解決法を考えてあげるのも、場合によっては相手のためになるけれど、話を聞いてほしいだけの場合には、ただ君にそばにいてほしいと思っていることもあるんだよ。

自分に合う場と人を見つけて

二人とも、いまのやり方を無理に変える必要はないって言っているね。僕もこれに賛成。
そもそもコミュニケーションスキルって何かな？　スキルって「技術」のことだ。でもコミュニケーションの仕方は、ときと場合によっていろいろある。面と向かって話をする場合もあるし、手紙やメールで話をする場合もある。しかも、相手によっても変わる。子ども同士ならいっしょに遊んだりするのが大切だけど、大人同士だと別のやり方もある。技術といっても、じつは、野球やサッカーみたいにいつでも使える決まった技術があるわけじゃないんだ。

学校のクラスだって、じつは同い年の子どもしかいない、とても特殊《とくしゅ》な場所だ。だからクラスでうまくできなくても、コミュニケーションが下手なわけではない。むしろ目上の人と話したり、いろいろな背景《はいけい》をもつ人と協力できる人のほうがうまいと言えるかもしれない。だから、学校でうまくいかなかったからといって、「コミュニケーションが下手なんだ……」なんて自信をなくす必要はないんだ。

コミュニケーションに決まったやり方はないと思う。無理することはない。いつか、君がうまくコミュニケーションをとれる場と相手は見つかるはずだよ。もしそういう場が見つからないのなら、自分でつくっちゃえばいいんだよ。

まとめ……コミュニケーションは一人ではできない

「コミュニケーション」って、まわりの人と話して、考えや思いを伝え合うことだけれど、なかなか難《むずか》しいよね。うまく話ができたときは楽しいけれど、言いたいことが伝わらなくて、どんどんわからなくなっていってしまったり、ケンカになってしまったりすることもある。この問いを考えてくれたあなたは、まわりの人と話がかみ合わないと感じて、悩んでいるみたいだね。

そもそも「話がかみ合う」ってどういうことなんだろう。ツチヤくんは、いままでの話と自分が次に言うことが、どんなふうにつながっているか、ゆっくり確認しながら話すといいと言っている。「話がかみ合う」というのは、こんなふうに、話していることの内容がうまくつながるということなんだね。それなら、話のつながりって、具体的にはどういうことなのかな。

コーノくんは、似たような話でも、相手が解決法を聞きたがっているときもあれば、ただ話を聞いてほしがっているときもあると言っている。「話がかみ合う」というのは、相手が求めているものを感じとって、それに合わせて応えてあげるということでもあるんだね。それなら、相手が求めているものって、どうしたら感じとれるんだろうね。

ムラセくんは、いつでも誰にでも使えるコミュニケーションの技術なんてありそうもないから、無理に決まった相手と話をかみ合わせようとしなくても、話がかみ合うほかの相手を探せばいいと言っているよ。考えてみると、コミュニケーションって、自分一人ではなくて、必ず誰かといっしょにするものだから、それがうまくいかないときには、どちらか一方が悪いわけではないんだね。

だから、三人とも言っていることだけれど、あなたが無理に変わる必要はない。もし、今度話がかみ合わなくなってしまって、それでもやっぱりその相手と話がしたいと思ったら、「私たち、なんだかいつも話がかみ合わなくなってしまう気がするけれど、どうしてだと思う?」って相手にたずねてごらん。いっしょに考えたら、もしかするとうまく話ができる方法を見つけられるかもしれないよ。

集中するにはどうすればいい？

好きなことなら集中できる

コーノ

お母さんに「集中しなさい」と言われるけれど、なかなか集中できない。どうしたら集中できるの、という問いだよね。それは勉強のこと？　それとも、お稽古事《けいこごと》かな？　いずれにせよ、自分の好きなことじゃないよね。ひと言で言うと、面白くないから集中できないんだよ。私は大学で哲学の研究をしているけれど、面白い研究なら、何時間やっていてもあきないし、食べることも忘れて集中できる。でも、つまらないことは三十分でも退屈して、苦痛だよ。つまらないことに集中できないのは、大人でも同じだね。

たしかに、なんとか一定の時間だけ集中力を持続させる方法はあるかもしれない。でもそうした方法で、君がそのとき少しの時間だけ集中できるようになったとしても、長い目で見るとあまり問題の解決にならないな。もし勉強に集中したいのなら、その勉強が面白いと思えるようにならなくちゃいけない。君が勉強を面白く思えないのは、それが自分にとってなんの役に立つのか、世のなかでどのような役に立っているのか、わからないからじゃないかな。そんなときはお母さんに聞いてみて。「どうしてこれをやらなくちゃならないの?」「この勉強は将来どんなふうに役に立つの?」って。

環境《かんきょう》を変えてみよう

たしかに、面白いと思えれば自然と集中できる。だけど、身のまわりにもっと面白いものがあったら、どうかな?

ここにもう一つ、集中するためのヒントがある。どんなに勉強を好きになっても、それをテレビの前で、しかも自分の好きな番組の時間にやろうとしたら、集中するのはけっこう難しい。集中するためには、自分とその集中したいもの以外のまわりの状況も重要だってことだ。喫茶店《きっさてん》に行ったことはあるかな? 休日の喫茶店では、高校生や大人が勉強や仕事をしたりしている。それは、集中するためにはまわりの状況も重要だってことを知っているからだ。

もちろん、自然と集中できるのが一番だけれど、無理そうなら、まわりの状況をちょっと工夫してみよう。たとえば、勉強をするための場所をつくるなんてどうだろう。そのまわりにはテレビやゲーム、君の好きなものは置かないようにしよう。「集中できるようになる」なんて言うと、自分の心を鍛《きた》えたり、自分の性格を変えなければならないと思う人が多い。けれど、環境を変えるだけでも、けっこう集中できるようになる。これってちょっと不思議だね。

子どもは落ち着きのないもの

ツチヤ

ムラセくんが教えてくれているのは、集中しづらいときに集中できるようになる「テクニック」で、それに対してコーノくんは、そもそもどうすればそんなテクニックに頼《たよ》らなくても自然に集中できるようになるか、という点からこの問いに答えている。

二人の答えはそれぞれその通りだと思うけれど、僕は二人の話を聞いていて、そもそもなんで集中できなくちゃいけないんだろうっていう新たな問いが浮かんだ。特に、いろいろなことに興味が向いている子どものころに、ちょっとでも気が散るとすぐに「集中！」「集中！」って大人に怒られていたのって、いまにして思うとなんだか理不尽《りふじん》だった気がする。集中できることは、はたしてそんなにえらいことなんだろうか？

この本で行っている哲学対話をじっさいにみんなで集まって行うイベント「哲学カフェ」で、この前たまたま聞いた話なんだけれど、都会に住んでいるある子は、まわりから落ち着きがないと言われて、学校でも怒られてばかりだったんだって。でも、その子が田舎《いなか》に引っ越したら、そこの大人たちは、その子の落ち着きのなさを「子どもってそういうもんだよ」と言って認《みと》めてくれて、その子は楽になれたんだって。

僕はこの話を聞いて、好奇心旺盛《こうきしんおうせい》な子どもにとって、落ち着きのなさはむしろ子どもの大切な特徴《とくちょう》なんじゃないかって思った。そんな子どもを毎日毎日、長い時間狭《せま》い教室に閉じ込めておいて、少しおしゃべりしたぐらいで「集中しなさい！」なんて言う大人のほうが、ほんとうはおかしいんじゃないのかな？

まとめ……ほんとうは何に集中したいの？

「どうしたら一つのことに集中できるの？」という疑問から考えはじめたのだけれど、三人の話を聞いていたら、この疑問は、じつはとても大事なことが省略されていると気がついたよ。

大好きで、面白くて、いまいちばんやりたいことだったら、無理しなくても自然に集中してしまう。だから、ほんとうの疑問は「面白いと思えなくて、いまやりたくないことでも、どうしたら集中して取り組めるの？」というものだったんだ！

それなら、集中する方法を考える前に、まず「どうしてそんなにつまらないことをやらなければならないのか」という問題を考えたほうがよさそうだね。やっぱりどうでもいいことだと思ったなら、集中なんかしないで適当《てきとう》にこなせばいいし、もしかしたらやらなくてもいいのかもしれない。ツチヤくんの言うように、一つのことに集中するより、気になることをどんどんやってみたほうがいいのかもしれない。

逆に、つまらなくても大切なことだと納得がいったなら、そこではじめて、集中するための方法を試せばいい。コーノくんは、それの面白いところや役に立つところを知って、自分でも面白がれるようになろうと言っている。つまらなくても大切だ、と納得できたなら、もうその面白さのヒントをつかんでいるのかもしれないね。

ムラセくんは、集中しやすいように環境を変えてみようと言っている。自分の好きなものをまわりに置かないというのは、いいアイデアだね。ほかにも、集中しやすい場所の特徴はあるかな？　これは考えてみる余地《よち》がありそう。

そして最後に、こんなふうに工夫してうまく集中することができたら、もう一度考えてみてほしい。それって、ほんとうにつまらなかった？　どうしてつまらないと思ったのかな？

なぜ子どもが化粧《けしょう》をしてはいけないの？

大人もほんとうはしたくない

君は「大人たちは髪《かみ》を染《そ》めたり化粧をしたりしているけれど、子どもはダメだと言われる」ことに疑問《ぎもん》を感じているんだよね。たしかに変だ。

僕《ぼく》は、ほんとうはダメではないのだと思う。世のなかには、やりたい人はいるけれどまわりに害を与えてしまうからやってはいけないことと、やりたい人は自由にやればいいことの二種類がある。化粧は、子どもも大人も、やりたい人が自由にやればいい種類のことだと僕は思う。

でも、なんでダメだと言われることが多いんだろう。僕が思うに、大人でも、ほんとうはやりたくない人が多いからだ。髪を染めることや化粧が好きな人もいるけれど、まわりの目が気になったりして面倒《めんどう》だけど仕方がなくやっている人も多いと思う。そういう大人にしてみれば「何もしなくても文句を言われないのは子どものときだけなんだから、何もしないほうがいい。大人になったら、嫌でも化粧をしなくちゃいけないし」——きっとそんなふうに思うんだ。

子どものときは背広《せびろ》（スーツ）を着たかった。だけど大人になって、着なくちゃいけなくなったら、意外と不便で嫌々着ることがある。それと似ている。子どもなのに、どうして背広なんて着たいんだろう……ってね。

たしかに、余計なお世話だけれど、ある意味では君のことを思って言っていることなんだと思うよ。

大人として扱《あつか》われてしまうから

ムラセくんが言うように、世のなかには化粧をしたくない人も多いから、子どもにダメと言っているっていうのはほんとうかな？　化粧は、祭りや芝居《しばい》、何かの式典のときなど特別な場合には子どもにも認《みと》められている。でも君は女の子で、きっとふだんから化粧をしたいんだよね。君はまだ自分が子どもで、大人になるにはずいぶん時間があると思っているでしょう？

でも、子どもと大人の差って意外に小さいんだよ。外国に行くと、学校へ行けなくて、子どもなのに大人のように働いている子どもたちがいる。そのなかには、大人みたいに化粧をして、大人相手の仕事をしている女の子もいて、年を聞いてみるとびっくりするほど若いんだ。

化粧をすると、大人みたいになるのではなくて、そのまま大人になってしまうんだ。そしてまだ子どもなのに、男の人から大人の女性として扱われてしまうことがある。

化粧はまだダメだと言っている君のまわりの人たちは、それをわかっていて、君が大人として扱われるにはまだ早すぎると思っているんじゃないかな。

まずは化粧を学んでから

子どもが化粧をしてはいけないと言われる理由は、たとえば子どもだけで包丁や火を使った料理をしてはいけない理由と、じつは同じなのかもしれない。つまり、大人になったら自由にやっていいことだし、それをするといいことや楽しいこともたくさんあるのだけれど、きちんと学んでからやらないと、自分が危ない目にあうようなこともあるんだと思う。

ただ顔をきれいにするだけのことなのに、どうして危ないのかって？　まず、化粧品には、身体にとってよくない成分も含《ふく》まれている。だから、きちんと自分に合ったものを選んで、はみ出さないようにていねいに塗《ぬ》って、特別なせっけんでしっかり落とさないと、肌《はだ》や目の病気になってしまうことがある。病気にならないように化粧をするのは、けっこう難《むずか》しいんだ。

それから化粧には、塗る色や場所によって、いろいろな意味が込められている。化粧で「おめでとう」「大好きだよ」「楽しいな」「このお仕事は任《まか》せてね」「悲しくて元気がなくなっちゃったよ」など、いろいろなメッセージを伝えているんだよ。でも、友だちの誕生日会《たんじょうびかい》で「悲しい」の化粧をしたら変だし、好きじゃない人と会うのに「愛してる」の化粧をしちゃったら困るから、化粧の意味を学んで練習しないといけない。

それに、化粧をしないほうがいいときだってあるよ。たとえば、プールや温泉に入るときは水が汚れるから化粧をしてはいけないし、運動するときは汗をかいてすぐに落ちてしまうから化粧の意味がない。学校では体育の授業があるから、化粧をしていかないほうがよさそうだね。

それにしても、こんなに大事なことがたくさんあるのだから、大人はあなたに「まだダメ」って言うだけじゃなくて、きちんと化粧を教えないといけないよね。どうして学校には化粧の授業がないんだろうね。

まとめ……化粧は隠《かく》れたメッセージを発信する

三人が考えている、子どもが化粧をしてはいけない理由はそれぞれバラバラだけれど、少し整理すると、コーノくんとゴードさんが挙げている理由には共通点があって、ムラセくんはそれとは少し違う理由を挙げている。

ムラセくんが挙げている理由は、化粧は「大人でもほんとうはやりたくない人が多いから」というものだ。大人は化粧をする必要があるけれど、ほんとうはしたくない人もいる。でも、子どもは化粧をする必要がない。なのに、なぜ化粧をしたいなんて言うんだろう、と大人は思って、ついつい子どもに注意しちゃうってことだね。でもやっぱり、化粧をするのが大好きな大人や、早く化粧をしてみたい子どもはたくさんいるのだから、みんながムラセくんのように、化粧を「面倒だけれど仕方がなくやっている」ってわけじゃないと僕は思うな。

コーノくんとゴードさんは、化粧が「いろいろなメッセージ」を伝えてしまうという事実に注目している。コーノくんは、そのなかでも特に、女の子にとっての化粧が「大人の女性」というメッセージをまわりに伝えてしまうことを問題にしている。大人扱いされるには若すぎるのに、化粧をすることでまわりの人から大人とみなされてしまう。だから、子どもは化粧をしてはいけない。これに対してゴードさんは、化粧がそれ以外にもさまざまなメッセージを伝えてしまう実例をたくさん挙げて、そういう化粧の意味を「きちんと学んでからやらないと、自分が危ない目にあう」から、子どもは化粧をしてはいけないんだと言っている。たしかに、化粧がそんなにいろいろな隠れたメッセージを発しているのなら、ゴードさんも提案《ていあん》しているように、国語で「文章の読み方」を勉強するみたいに、学校で「化粧の読み方」を勉強することにして、みんなが正しく安全に化粧をできるようにしたほうがいいかもしれないね。

日本人が行列でもきれいに並べるのはなぜ？

制度や習慣が違うだけかも？

ツチヤ

以前、ハワイの小学校に授業見学に行って、その学校の先生と話をしたときのことを思い出したよ。その先生は、日本の小学校を訪問《ほうもん》したことがあるらしく、日本の小学校には「そうじの時間」があって、生徒が自分たちで教室のそうじをしていることにすごく驚《おどろ》いたんだって。意外かもしれないけれど、海外の学校では、生徒が教室のそうじをせず、専門の清掃業者《せいそうぎょうしゃ》に全部任《まか》せているところがけっこう多い。だからその先生は、自分たちで教室のそうじをするなんて、日本の小学生はなんて行儀《ぎょうぎ》がいいんだろう！　ってとても感心したそうなんだ。

でも、ほんとうにそうなのかなあ？　それって単に、ハワイの学校ではそうじを専門業者に任せているというだけのことなのだから、自分たちで教室のそうじをしないからといってハワイの小学生は行儀が悪いってことにはならないよね。ハワイの小学校と日本の小学校では、そもそも教室のそうじについての制度や決まりが異《こと》なっているんだ。

同じように、仮に外国人と日本人とで行列の並び方に違いがあるとしても、そこには制度や習慣の違いがあるかもしれないのだから、それだけで日本人のほうが「きれい」とか「行儀がいい」とは、簡単には言えない気がするな。

国の違いでなく条件による

私はいろいろな国に行ったけれど、どの国の人も行列をつくることができるよ。日本人の行列が特別だなんて、その話はどこで聞いたの？　外国へ行ってたまたま順番を守らない場面を見た人から話を聞いたのかもね。いろいろな国の空港へ行くと、ほんとうにいろいろな国から人が集まっている。でも、パスポートを見せてその国に入る窓口《まどぐち》には、みんなちゃんと列をつくって並んでいるよ。それは、日本の空港と外国の空港でそんなに差があるとは思えない。

外国と日本とを比較《ひかく》するときに、まず二つのアドバイス。確《たし》かではないうわさのようなものに基《もと》づいて考えないこと。外国に長くいないと、なかなかその国のことはよくわからない。外国に旅行したときに気になった場面があっても、たまたまそのときだけそうなっていたということもある。

もう一つは、国の違いによってではなく、人はどういう条件《じょうけん》になるとどういう行動をするかというふうに考えること。日本人でも外国人でも、トイレに行きたくなるとみんな苦しくなって、順番を守らなくなるかも。

どういうときに人は順番を守らなくなるか？　たとえば早い者勝ちだと思うと、人は順番を守らない。日本でもバーゲンセールのときには人が売り場に殺到《さっとう》して、順番など関係なく商品を奪《うば》い合っている。遊園地でも、乗り場では列をつくるけれど、遊園地の入り口から乗り場までは走っていって、チケットを買った順番などは関係なし。お花見の場所とりも、みんな自分勝手。こういうときには日本人も順番を守っていない。逆に、早い者勝ちの行動をとることができなかったり、とると怒《おこ》られる場所では、どこでも順番を守っているよ。

日本をほめたいのかも？

コーノくんが言うようにほかの国にも行列はあるし、ツチヤくんが言うように並び方や行列のつくり方だって、僕たちがイメージするものと違うからといって「きれいじゃない」ということにはならない。

だとしたら、どうして君は日本の行列を特別にきれいってほめたくなるんだろう？　もちろん、ほかの国や地域《ちいき》のことをよく知らないということもあるけれど、それ以上に国がほめられると自分がほめられた気になる、ということがあると思う。これは少し、不思議なことだ。なんで自分の住んでいる国がほめられると、自分がほめられた気になるのだろう？

僕が日本に生まれたのは、ある意味「たまたま」だし、日本に住んでいるのもなんとなく、だ。「国」をほめられたのが嬉《うれ》しいのではなくて、自分と同じ国に住んでいる「人」がほめられているからかな。たしかに友だちがほめられると、なんだか嬉しい気持ちになることもあるよね。

日本をほめたくなる確かな理由はよくわからないけれど、もしこれがよくあることだとすると、ほかの国と比《くら》べるときは注意しなくてはいけないね。だって、どうしても自分の住んでいる国のほうをひいきしてしまうということだからね。

まとめ……日本人の並び方は特別素晴らしい？

日本の人は順番を守ってきれいに行列に並ぶことができるといううわさ、あなたは聞いたことがあったかな。私もどこかで聞いたことがある。でも三人は、そのうわさをそのまま信じてはいないみたいだね。

ツチヤくんは、日本とほかの国々では習慣がそれぞれ異なっているけれど、ある国の習慣がほかより優《すぐ》れているということにはならないと言っているよ。だから、列の並び方は国によって違うかもしれないけれど、日本の並び方が特別素晴らしいということにはならないはずだというんだね。

コーノくんは、列の並び方は国によって違うのではなく、「条件」によって変わるんだと言っている。つまり、どんな国の人でもきちんと順番を守って並ぶような場面と、順番を守れなくなるような場面があるんだ。

ツチヤくんとコーノくんの意見が正しいとすれば、「日本人はほかの国の人よりも、きちんと順番を守って、きれいに行列に並ぶことができる」という考えは間違いだということになる。それなら、どうしてそんなふうに、日本人のことをほめたくなってしまうのだろう。

この問題について考えているのがムラセくんだよ。ムラセくんは、自分が住んでいる国がほめられると、自分自身がほめられたような気分になるからではないかと推測《すいそく》している。そして、自分の国をひいきしないように気をつけようと言っているね。

自分が住んでいる国や、自分や家族が生まれた国のことを、大切に思うのはいいことだよ。でも、そのために、間違った理由で自分の国をほめたり、ほかの国をけなしたりしてはいけないよね。自分の国を大切に思うからこそ、冷静に正しく、いいところも悪いところも見ていかなければいけないんだ。

女子力をアップするにはどうすればいい？

共通の特徴《とくちょう》がないから方法がない

ツキヤ

こういうことが気になるってことは、あなたのまわりには「女子力が高い」と言われている人が何人かいるのかな？　それで自分もそうなりたいとか？　もしそうなら、あなたが「女子力が高いなあ」と思う人たちを何人か思い浮《う》かべてみて。そして、その人たち全員に共通する特徴があるかどうかを考えてみてほしい——何か見つかったかな？　ぼんやりとした共通点はあるかもしれないけれど、それをきちんと言葉で説明することはできるかな？

じつは、僕は「女子力が高い」と言われている人に共通する特徴なんてないんじゃないかと疑《うたが》っている。というのも「女子力」というのは、たまたまある特定の会話の流れの中で、そのときなんとなくみんなが「女子っぽい」と感じたふるまいや行動を、なんとなくのノリでそう呼んでいるだけの言葉にすぎないように感じているからだ。

たとえば「計算力」だったら、どういう力を意味しているかははっきりしているし、その力の有無を測定《そくてい》する客観的な方法（たとえば計算テストなど）もある。だから、その力をアップさせるにはどうしたらいいかを考える手がかりが少なからずあるのだけれど、「女子力」という言葉に関しては、そもそもそれが何を意味しているのかさえ、客観的に定まっていないように思えるんだ。だとしたら、それをアップさせる方法も考えようがないんじゃないかと僕は思うんだけど、どうだろう？

決めているのは誰？

女子力ってなんだろう。文字から考えてみると、女性だけに特に求められる能力《のうりょく》のことかな。でも、男性は関係なくて、女性にだけ求められるような能力って、ほんとうにあるのかな。
女子力を重視《じゅうし》する背景には、女の人には女っぽさが、男の人には男っぽさが求められているということがあると思う。なぜか、赤いランドセルは女の子のものだし、男の人はスカートをはか

ない。言葉にも、男言葉や女言葉なんていうものがある。こう言えばみんながなんとなく同じものを思い浮かべることができるくらいには、男っぽさや女っぽさのイメージは共有されているし、とても重要なものだと多くの人が思っている。

だけど、それにしたがわなくてはいけない理由はよくわからない。むしろ、男女平等が正しいのなら、したがわないほうがいいんじゃないかとさえ思えてくる。

だとすると、ほんとうはよくわからないけれど社会のなかで重視されている「女っぽさ」なるものを読みとってそれに合わせることが、女子力アップの方法になりそうだ。でも、この「〜っぽさ」を決めているのはいったい何（誰？）なんだろう。むかしからの伝統《でんとう》？　テレビや新聞、雑誌？　まわりにいる人たち？　これがわかれば、もっと効率的《こうりってき》な女子力アップの道も見えてきそうだね。

素敵な人ってどんな人？

女子力ってどんなものなのか、「女子力をアップしたい」と思っている人はちゃんとわかって

いるんじゃないかな。それはきっと、客観的に一つに決まらなくてもよくて、ただ自分がイメージしている、素敵な女子になりたいだけだよ。ほんとうは、男も女も関係ないかもしれないね。誰だって、素敵な人になって、自分でも自分を大好きになりたいし、みんなからも好かれる人気者になりたいって、思うでしょ。

でも、なりたい自分になるのって、どうしてこんなに難しくて苦しいんだろう。優《やさ》しくなりたいと思っても、なかなか優しくはなれない。おしゃれになりたいと思っても、何を着たらいいかわからない。素敵な人の真似《まね》をしてみても、自分はその人じゃないからなんだかうまくいかないし、あんまり真似ばかりしたら嫌《きら》われちゃう。だけど、その素敵な人は、全然無理しているようには見えなくて、生まれつき自然に素敵なんじゃないかと思えてくる。そんなのって、ずるいよね。私もあの人みたいに、いつも素敵でいられる身体と能力がほしい！

でもね、そんな気持ちになってしまうときには、やっぱり考えがどこかで間違《まちが》ってしまっているんだ。私は、誰かが「素敵だ」と感じられることと、その人がある能力や技術をもっていることは、関係がないんだと思う。だから、素敵な人になろうとして能力や技術を身につけようとすればするほど、なんだか「素敵な人」からずれていってしまうことがある。

それなら、誰かのことを「素敵だな」と思うときには、相手の何を見て、そう感じているんだろうね。もう一度、冷静に考えてみようよ。

まとめ……型にはまらずにゆこう

三人とも、女子力アップの方法について答える前に、そもそも「女子力」って何かな、誰がそれを決めるのかな、女子力をアップしたいのはなぜかなって、聞いているよね。「女子力」って流行《はや》りの言葉で、きっとあと何年もすれば使われなくなっちゃうし、そのときに誰がどんな意味で使っていたのかも、何年も経《た》たないうちに、あやふやになってしまうと思う。三人ともそれをわかっていて、基本的には、「女子力」という流行りの言葉に振《ふ》り回されちゃダメだって言っているのだと思う。

女の子は、小さなころからいろいろと「女の子はこうしなきゃダメだ」「こういう服装《ふくそう》をしなければいけない」「こういう子がいい女の子だ」って型にはめて育てられてしまうことが多いんじゃないかな。男の子も男の子で「男はこうでなくては男らしくない」「こういう態度《たいど》が男っぽくてかっこいい」って型にはめられることがある。「女子力」というのも、そういう型にはめて人間を狭《せま》くしてしまう考え方に思えるんだ。

「女子力」って言葉は、友だちが使っているんじゃないかな。きっとお母さんや先生は、そういう言葉を使わない。友だちが、自分のことを「女子力」が高いと信じていて、君に自分の真似をしてほしいから、そんなことを言っているんだよ。そういう子は、ほんとうの友だちじゃない。だから、自分が自分のことを素敵だって思えるようなことをして、そういう格好《かっこう》をすればいいんじゃないかな。友だちに振り回されないほうがいいよ。

どうしたら不審者《ふしんしゃ》を見抜《みぬ》ける？

見た目だけでは見抜けない

不審者って、そもそもどんな人のことを言うんだろう？　おそらく、何か悪いことをする人のことだ。ここで重要なことは、「悪いことをするように見える人ではない」ということだ。単に悪いことをするように見えるだけで、ほんとうは悪い人ではない、こういう人はたくさんいる。悪い人なのに、悪いことをするように全然見えない、そんな人もたくさんいる。むしろ、ほんとうに悪い人たちは、けっして悪いことをするようには見えないように気をつけているものだ。ということは、見たらすぐにわかるような、そんな「見分け方」はじつは存在《そんざい》しないし、見た目だけで見分けようとすることは、逆にとても危険なことなんだ。

では、どうしたら身を守ることができるのだろう？　それは、どんなに親切そうに見えて優しい声で話しかけられても、逆に怖《こわ》そうに見えて怒られたとしても、それだけで判断しないということだ。その人がほんとうはどんな人かは、しっかりとつきあってみないことにはけっしてわからない。このことを頭に置いて行動するといいよ。

全速力で走って逃《に》げよう

悪い人かどうか見た目ではわからないというのは、私も賛成。

ほんとうは、悪い人と善《い》い人がいるわけではなくて、どんな人でも悪いことをしてしまうことがあるんだ。とても悲しいことだけれど、知らない人だけではなくて、あなたがよく知っている人たちも、突然あなたを傷《きず》つけるかもしれない。だから、大事なことは、悪い人を見分けることではなくて、いま自分が危《あぶ》ない目にあっていないかどうかを、自分自身でしっかり判断することだ。

危険かどうかを教えてくれるのは、自分の感覚だよ。「いつもと違う」「なんだかおかしい」とほんの少しでも感じたら、間違いでもかまわないからすぐに全速力で走って逃げよう。あなたの身を守るためには、相手が悪い人かどうか、しっかりつきあって見きわめる必要はない。

もしかしたら、この人はおかしいというのはただの勘違《かんちが》いで、あなたが逃げたり助けを求めたりしたことで、相手の人が悲しむかもしれない。でも、そうなったら後できちんと謝《あやま》ればいい。それは謝ってすむことだから。

逆に、もしも、その人がほんとうに悪いことをしようとしていて、あなたがさらわれてしまったり、大けがをしてしまったら、それはまったく取り返しがつかない。だからまずは、自分を信じて何も考えずに逃げたほうがいい。

責任は大人にある

コーノ

二人の言うことはどちらも正しい。たしかに見た目で判断するのは難しいし、親しい人がじつは不審者だったということもある。だからゴードさんが言うように、とにかく逃げたほうがよいのかもしれない。でも私は、君のような子どもに身を守る方法を教えるだけではなくて、学校の先生や保護者、そして地域の大人たちが対処《たいしょ》すべきだと思うんだ。

都会では、見知らぬ人に向かって「こんにちは」とか「いい天気ですね」といったあいさつをあまりしない。大人のなかでも知らない人にはあいさつをしないという人がいるけれど、あいさつは相手を知っているからするだけではなく、相手を知るためにもするんだ。ニコッと笑って言葉をかけて、相手の表情と反応《はんのう》をじっとよく観察する。この人はちゃんと返事ができるかな、それとも何か企《たくら》んでいて目を伏せるかな、とか。

あいさつをしたり会釈《えしゃく》をしたり、ほほ笑んだりといった社交は、何よりも相手を見抜き、身を守るためにあるんだ。不審な人がいたら、子どもよりも大人が行動しなければならないし、それ以前にまず大人があいさつなどをきちんとし合って、街のなかに社交的なムードをつくっておく必要があると思うんだ。

まとめ……切実な問題とどう向き合うか

この問いは、最近よく不審者が出るので見分け方や身の守り方を教えてほしい、という思いから生まれたもののようだね。残念なことに、子どもが誘拐《ゆうかい》されたり殺されたりする事件は頻繁《ひんぱん》に

起こっている。そういうニュースをしょっちゅう目にしている子どもたちにとって、不審者はきっとものすごくリアルな恐怖だし、そういう人をどうやって見抜けばいいのかということは、切実な問題なんだ。

こうした社会において、子どもの身を守る責任は大人にある、というのがコーノくんの意見だ。具体的には、見知らぬ人同士があいさつできるムードを大人がつくることで、子どもが不審者を見抜けるようになる、とコーノくんは考えている。

また、ムラセくんとゴードさんの話を聞いていると、どうやらわかりやすい見た目で不審者かどうかを見分けることはできないみたいだ。「ほんとうに悪い人たちは、けっして悪いことをするようには見えないように気をつけているものだ」というムラセくんの意見は、たしかにその通りだと思ったし、ゴードさんが言っているように「知らない人だけではなくて、あなたがよく知っている人たちも、突然あなたを傷つけるかもしれない」。ここでゴードさんが、身近な人があなたを傷つける可能性について考えているのは、重要なことだと思う。身近な人だとつい油断してしまいがちだし、相手にとってもあなたが身近な人であればあるほど、悪いことをしているという自覚なく、あなたのことを傷つけてくるかもしれない。だとすると、ほんとうに怖いのは、そういう身近な人が不審者だった場合なのかもしれないね。

第2章

ふつうってなんだろう

どうして夢をもつの？

「恋」に似ていて理屈《りくつ》じゃない

ツキヤ

「夢」というのは、何か理由や必要があってもつんじゃなくて、気がついたら自然と抱《いだ》いてしまっているもののような気がする。僕は、小さいころなりたいなあと思っていちばん最初に抱いた夢が天文学者だったことをよく覚えている。でもそれは、星や宇宙がすごく好きだったからで、それ以上の理由はなかった。星や宇宙のことをもっともっと知りたかったから、それについてなんでも知っている天文学者にあこがれたんだと思う。

夢ではなくて「目標」なら、それをもつことにはちゃんとした理由がある。自分が目指していることをはっきりと設定《せってい》して、それにたどり着くまでの計画をきちんと立てることで、物事を効《こう》率《りつ》よく進めていけるし、なまけるのを防《ふせ》げるからね。

でも、夢はそういうものじゃない。夢は恋に似ていて、理屈じゃないんだ。誰かを好きになってしまうのはどうしようもないことであるのと同じで、ああいうふうになりたいというあこがれの気持ちを抱いてしまうのも、どうしようもないことなんだ。

だから、アイドルや漫画家になるのはすごく難しいと頭ではわかっていても、夢を見ることは止められないし、夢をあきらめることもなかなかできない。夢を抱いたりあきらめたりすることは自分でもコントロールできないということが、夢の素晴らしいところでもあるし、恐《おそ》ろしいところでもあるね。

現実の世界を支えるもの

夢って、眠《ねむ》っているときに見る夢も、夢って呼ぶよね。だから、ツチヤくんが言うように、目が覚めているときにはっきりした目標や目的をもつことと比較《ひかく》して、ぼんやりしていてあんまり現実的でなく、いまの生活から遠くてどうすれば実現できるかよくわからないけれども、そうなれたらいいなあという将来の希望を「夢」っていうんだね。

でも、はっきりした目標や目的をもつこと以外に、漠然《ばくぜん》としている夢なんかをもつ必要はあるのかな？

私は、夢をもつことは大切なんじゃないのかなって思う。目標に向かっていつも努力《どりょく》しているけれど、ぼんやりした大きな夢はもっていない人って、どこか忙《せわ》しなく日々を過《す》ごしてしまうんじゃないのかな。その毎日の努力も、夢がないと最終的にどこに向かっているのかを見失ってしまいそうな気がする。

夜見る素敵な夢や、将来こうなりたいなという昼間の夢。そんな非現実的であいまいなものに支えられた現実の生活のほうが、かえって方向性《ほうこうせい》を見失わなくていいんじゃないかなって思うんだ。

あたりまえを変える夢の力

「将来の夢は何？」って、ときどき大人に聞かれる。わからないって答えると、なんだかがっかりされてしまうから、それではいけないのかなと感じる。でも、将来の夢なんて、なくてもいい

と思うんだ。いまの生活がとても楽しくて、遠い未来のことなんて考える必要がないのかもしれない。あるいは、やってみたいことがたくさんあって、一つに決められないのかもしれない。だから、将来の夢をもっていないことは、ちっとも悪いことじゃない。それなのに、どうして大人は、夢がないって言うとがっかりするんだろうね。

ところで夢って、寝ているときに見る夢と、未来について考える夢のほかに、もう一つ種類がある。それは、昼間起きているときにする空想のこと。

たとえば、空を見上げて鳥みたいに飛べたらいいのになと思ったり、勉強が退屈《たいくつ》なときに学校の授業が一日中体育だったらいいのになと思ったりする。そういうことばかり考える人は「夢見がち」だと言われて、これはあまりいい意味の言葉ではないのだけれど、こういう夢を見ることはほんとうはとても大切なんじゃないのかな。それは、世のなかであたりまえだとされていることはもっと違っていてもいいし、変わっていってもいいんだと気がつくことだから。

むかしは人間が空を飛ぶことはできなかったけれど、空を飛べたらいいのにって夢を見た人がいたから、飛行機やヘリコプターが発明されたんだよね。だから、こういう楽しい空想はたくさんしたほうがいいと思う。

まとめ……夢をもつことの意義《いぎ》

ツチヤくんは、夢は恋みたいなものと考えている。二つが似ているところは、それを抱くのに理由が必要ないところだ。つまり、夢は知らぬ間に理由もなくもってしまうものなんだ。理由がないのだから、この問いにはある意味、答えがない。もし理由がはっきりとあったのなら、それは夢ではなく目標になるというんだね。夢や恋は、理由なく自然にわいてくるものだから、両方ともあきらめることが難しいんだね。きっとツチヤくんはそんな夢をもっていて、そんな恋もいろいろしてきたんだろうなあ。

コーノくんは、そうした夢を、夜に見る夢と比《くら》べている。二つが似ているところは、非現実的でぼんやりしているところだ。そして、そういうぼんやりとしたものが現実の生活を裏から支えていて、方向性を定めてくれる。そうコーノくんは言っている。

ゴードさんは、もう一つの「夢」として、空想を挙げている。「夢見がちな人」の夢だ。夢見がちな人たちの夢は、世界を変えてきた。僕たちの身のまわりにある便利な発明品の多くは、こういう夢見がちな人たちの夢から生まれてきたんだ。

こうして考えてみると、夢をもつことにはいろいろな「効果」がありそうだね。もしかすると大人たちが子どもに夢をもってほしいのは、こういう効果を期待しているのかもしれない。ゴードさんが言うように、いまが楽しくてあれこれ考えているひまはないかもしれないけれど、夢に効果があるのなら、自分にはどんな夢があるのか一度くらい考えてみるのもいいかもしれないね。

絶対《ぜったい》はある？　絶対って何？

絶対の出来事は存在しない

コーノ

「絶対」ってなんだろう。何かを考えるときには、その言葉がどんなものを指しているかを考えるよりも前に、その言葉がどういうときに使われるかを考えてみたほうがいいよ。君はどんなときに「絶対」という言葉を使うかな？　「日本のサッカーチームは絶対に優勝できない」と言うときには、「優勝の可能性《かのうせい》はゼロだ」という意味だよね。

でも、この場合「絶対」という言い方は大袈裟《おおげさ》すぎて、ほんとうは正しくない。日本のチームはたしかにあまり強くはないかもしれないけれど、相手チームの選手がみんな病気になってレギュラー選手が誰も出られなくなれば、日本が勝つ可能性もあるよね。

では、明日も太陽が昇《のぼ》るというのは絶対かな？　昇る可能性はとても高いと思うけれど、もしかすると今日、太陽が爆発しちゃうかもしれない。だから、私は世界には絶対——つまり可能性が0パーセントもしくは、その逆に100パーセントということはないと考える。限《かぎ》りなく0パーセントに近いとか、限りなく100パーセントに近いということはあっても、ね。

絶対の事実はちょっとだけある

コーノくんの答えは「文字通りの意味での絶対はない」ってことだと思うけれど、そういう意見を聞くたびに、僕はある哲学者の言葉を思い出す。その哲学者によると、夢のなかでさえ疑いえない絶対確実なことがある。それはたとえば「四角形の辺は四つである」ということなんだ。もっとも彼はこう言った直後に、もしかすると全能《ぜんのう》である悪い神様が僕たちをだましていて、僕たちが四角形の辺の数を数えるたびに、数え間違いをするようにさせているのかもしれないって言うんだけどね。

でも僕は「四角形の辺は四つである」ということは、太陽が爆発しようが宇宙がひっくり返ろうが、絶対に成り立つことだと思う。だって、このことがほんとうは間違いで、四角形の辺の数はほんとうは四つではないんだと言われても、それが何を意味しているのかさっぱり理解できないもの。四角形というのは「四つの辺を持つ図形」という意味なので、それがほんとうは四以外の辺を持つなら、四角形の定義《ていぎ》と矛盾《むじゅん》してしまう。そして、僕たちは、矛盾している文章は（少なくとも文字通りには）意味を全く理解することができないんだ。

なので僕は、もし仮に全能の悪い神様がいて、ほんとうは辺が五つある図形なのに、僕たちに辺が四つであるように見せて数え間違いをさせていたとしても、そのことから「四角形の辺はじつは四つではなかった」という結論《けつろん》は出ないと思う。そこから出てくる結論は、「僕たちが四角形だと思っていた図形はほんとうは五角形だった」ということで、その場合でも「五角形の辺は五つである」ということは、何があっても絶対確実に成り立つだろう。

だから僕は、文字通りの「絶対」はやっぱりあって、こうした四角形の話がその例だと思うんだけど、あなたはどう思うかな？

ほかに、「明日は晴れか、晴れじゃないかのどちらかだ」というものも文字通りの「絶対」だと思う。むしろ僕には、なんでこういう絶対確実なことが世のなかに「ちょっとだけ」あるのか、ということのほうが不思議だ。

絶対だという思い込み

「絶対」という言葉って、なんだかえらそうで嫌な感じがするよね。コーノくんの話のなかにあった、「絶対優勝できない」と言う人に「でも可能性はゼロじゃないよね？」と言ったとしよう。きっと怒られてしまうね。こういうふうに「絶対」という言葉を使われると、ちょっと嫌な感じがするよね。その理由は、その人が相手の意見を聞かずに自分が正しいと思って、「絶対」と言ってしまっているからだ。だから、この世に絶対なんかない。そんなふうにも考えたくなる。

でも、「絶対がある」ことと「絶対だと思い込む」ことは別だ。ツチヤくんに、僕が「でも、図形を見間違えているんじゃなくて、数の数え方自体をみんながみんな間違えていて、ほんとうの四角形の辺は四つじゃないかもしれないよ」と言ったとしよう。変な疑問だけれど、きっといろいろと考えてくれると思う。それは、ツチヤくんが自分の考えを「絶対」だとは思い込んでいないからだ。

僕は、絶対を探《さぐ》るにはこういうふうにしてほかの人と協力したり議論《ぎろん》したりすることが必要で、いっしょに絶対を探《さが》すことは、「絶対がある」という共通の考えがあるからできるんじゃないかと思っている。だって絶対がなかったら、協力なんかせずに、それぞれが好き勝手に考えればいいことになるからだ。「どうせ絶対なんかないんだし、君の好きなように考えなよ」なんて言われてしまうかもしれない。その意味では、「絶対」の存在は、人と人が協力するときの接着剤《せっちゃくざい》みたいな役割を果たすものでもあるんだ。

まとめ……いつかは絶対の答えにたどり着けるかな

友だちとおしゃべりしていると、「これが絶対正しいよ」とか「こうすれば絶対うまくいくよ」なんて言うことがある。でもほんとうに「絶対」かというと、そんなことはなくて、やっぱり間違っていたり失敗してしまったりすることも、よくあるよね。それなら、ほんとうのほんとうに絶対正しいことって、あるかな。

コーノくんは、そういうのは大袈裟に言ってしまっているだけで、ほんとうの絶対――つまり可能性が１００パーセントということはないと言っている。でもツチヤくんは、絶対に確実なこともあると言っているね。どちらが正しいのかな。たしかにツチヤくんが挙げている例は、いつも必ず正しいように思える。でも「明日は晴れか、晴れじゃないかのどちらかだ」なんてそんなのあたりまえだし、なんの意味もないことを言っているような気がしない？　もう少しちゃんと意味があって面白い、絶対に正しいことってないのかな。

ムラセくんは、人々は「きっと絶対に正しいことがあるはずだ」と信じているのではないかと考えている。なぜかというと、自分の考えを絶対だと思わずに、みんなで協力して考えたり、話し合ったりしているから。たしかに、どこかに絶対に正しい一つの答えがあると信じていなければ、みんなでそれを考えたりしないよね。あなたもきっと正しい答えがあるはずだと信じているから、この本に出てくる問いについて考えたり、みんなの答えを読んだりしているのではないかな。

それなら、みんなで長い時間をかけて話し合って、じっくり考えていけば、いつかは一つの答えにたどり着くと思う？　それとも、やっぱり絶対に正しい答えなんて見つからないと思う？

「ふつう」って何？

ふつうが求められるとき

「ふつう」ってなんだろう？　「ふつう」という言葉の第一の意味は、変わったところがないってことだ。なんの特徴《とくちょう》もなくて、ありふれていて、悪く言えばつまらない。僕はむかしから変わったものが好きなので、ふつうってあんまり好きじゃないな。

変わったものを見たり、変わった考え方に触《ふ》れたりすることは、まず何よりも面白いし、それによって好奇心《こうきしん》が刺激《しげき》されて、自分でも勝手にあれこれ考えられるようになるから好きなんだ。だから僕は、できるだけ変わった人間でありたいといつも思っているし、こういう対話をしているときでも、できる限りふつうの人は考えないような変わった考えを言ってみたいと思っている。なので「君ってふつうだね」と言われたらちょっと悔《くや》しい。そういうことを言われると、自分はいてもいなくても変わらないんだ、と思って落ち込むんだ。

でも「ふつうにしなさい」とか「そんなのふつうじゃないよ」と言われるときって、注意や非《ひ》難《なん》をされているときだよね。だとすると、変わっていなくてありふれていることが望まれる場面もあるということだ。

あなたはどう思う？　自分の友だちが個性的であってほしいと思うときと、ほかの人と同じようにしてほしいと思うときの、両方の場合があるよね。どんなときに、どんな理由で、ほかの人と同じようにしてほしいと思うんだろう。そして、その理由はほんとうに納得《なっとく》できるものかな。

ふつうがいい理由

コーノ

ツチヤくんが言うように、「ふつう」って言葉には、特徴がないといった意味もあるけれど、それ以外の使い方として、「基準《きじゅん》」や「ルール」という意味もあるんだよ。「ふつうはこうだよ」なんて言い方をよくする人は、後者の意味で「ふつう」って言葉を使っているんじゃないかな。

つまり、「君のやっていることはふつうじゃない」と言う場合、「君の行動はルールに反している」からやっちゃいけない、と言っているんだよ。

でも、どうしてその人は「そんなことをしちゃいけないよ」とか「それはルール違反《いはん》だよ」って素直《すなお》に言わないのかな。それは、「やってはダメ」と言うと相手から「なぜ、ダメなの？」と言い返されちゃうし、「ルール違反」と言うと「そんなルールってほんとうにあるの？　誰がそう決めたの？」と反論《はんろん》されるかもしれないからだ。

「ふつう」って言葉は、誰かのことを「みんなと同じことをしなきゃダメだよ」と批判《ひはん》したいけれど、そういう本人もなぜみんなと同じことをしなければならないのか、ほんとうの理由がわからないというときに使う言葉なんだ。「ふつうのやり方」って、ほんとうの意味のルールではないし、みんなにはっきり認められた基準でもない。自分が勝手に「これがふつうだ」と思い込んでいるだけで、ほかの人には通用しないことも多いんだ。

だから、君は「どうして、そのふつうのやり方をしなければいけないの？」「私のやり方のどこがいけなかったの？」って質問してみたら？　ちゃんと答えてくれた人とは「ふつう」とは何かについて話し合ってみよう。

ちゃんと答えてくれないでただ「みんなといっしょの行動をとれ！」って言う人もいるかもね。でも、そんな押しつけがましい人の言うことなんて聞く必要はないよ。

ふつうでなくたっていい

ムラセ

「ふつうにしなさい」って、ツチヤくんが言うように叱《しか》られたりするときに使われるし、コーノくんが言うように「みんなと同じことをしなきゃダメだよ」という意味もありそうだ。

それにしても、人はそれぞれ違う生き物なのだからほんとうはみんなバラバラな言動をするものだし、それで構《かま》わないはずなのに、なぜみんなと同じでなければいけないと思うのだろう？

一つは、コーノくんが言っているように、ルールとして必要だからだ。「信号が赤のときは止まる」というルールは、みんなが守らないと事故が起こる。だから、みんなと同じことをしたくないからといってルール違反をすると、みんなが困ることになる。でも、そういうちゃんとした理由なしに「とりあえず同じようにしよう」って思うのは、言い訳《わけ》をするときに便利だからだと僕は思う。怒られたときに「みんなもしていました」と言ったら、たしかに、ちょっと仕方ないかな、という気にもなってしまう。

きっと「ふつうにしなさい」と言う人は、ふだんの自分の行動にちゃんとした理由がない人なんじゃないかな。だから、いつも言い訳するときのことを考えて、「ふつう」にしちゃうんだ。ということは、君の行動にちゃんと理由があれば、そんな言葉にしたがう必要なんかない。いくら「ふつうじゃない」と言われても、「だからどうしたの？」って、気にしなくていいんだ。

まとめ……その言葉で何を言おうとしているの？

「ふつう」という言葉の意味は、辞書を引けば出てくる。特に変わったところがないという意味だね。でも、「変わったところがない」ということは特徴がないということだから、「ふつうにする」とか「ふつうのやり方」なんて言われると、何をどうすることなのか、よくわからなくなってしまう。

ツチヤくんは、ふつうは嫌だと思うときと、ふつうがいいと思うときの両方があると言っている。たしかに、ふつうでないという意味には二種類ある。個性的《こせいてき》で特別だという、いい意味もあるけれど、変わっているとかおかしいという、悪い意味もあるね。この二つは何が違うんだろう。そのくせ「個性をのばそう」なんてことも言われるから、ますますわからなくなってしまうね。

コーノくんは、ふつうにしなければならないと言われるときの「ふつう」は、基準やルールという意味だと言っている。ただみんなと同じにしなければならないわけではなくて、それがルールだからしたがわなければならないことがあるんだね。でも、ルールをよくわかっていない人が、うまく説明できないからという理由で、とにかく自分にしたがわせようとして「そんなのふつうじゃない」って言うこともある。あなたもそんなふうに言ってしまうことはないかな。

ムラセくんは、ルールでもないのに、どうして人と同じことをしないといけないって感じるのか、考えている。そして、自分の行動にちゃんとした理由がないとき、言い訳をするために、人と同じにしているのではないかと言っているよ。三人の話を聞いてみると、どうやら「ふつう」という言葉をあまりにも使いすぎている人は、世のなかのルールや、自分が行動する理由について、ほんとうは自分のなかでよくわかっていないみたいだね。「ふつう」って口に出す前に、ふつうという言葉を使って自分が何を言おうとしているのか、よく考えてみたほうがよさそう。

なぜものには名前があるの？

名前ってなんだろう？

ツチヤ

たしかに、あらゆるものには名前があるような気がするよね。もしこの世から名前が一切なくなったら、言葉はいったいどうなるのだろう？　たとえば「ムラセくんとコーノくんがケンカをしている」は「あの人とあの人がケンカをしている」と言い表せばよいのかな？

でも「人」だって「ライオン」や「キリン」と同じで、動物の種類の名前だ。だとしたら「あれとあれがケンカをしている」になる？　でもよく考えると「ケンカをしている」だって、「笑う」や「泣く」と同じ、動作の名前だ。ということは「あれとあれがあれしている」ならＯＫ？　でもここまでくると、そもそも「あれ」だって、何かを指すことを表す言葉の名前だって気がしてくる……。

こう考えていくと、今度は「名前」っていったいなんだろうという疑問がわいてくる。「名前」と聞いていちばん最初に思い浮かべるのは「人の名前」だと思うけれど、人の名前は、世界に一人しかいない「その人」を指すために使うものだよね。

では、ものの名前は？　たとえば、「りんご」は代表的な「ものの名前」だけれど、この名前は、いま目の前にある世界に一つしかない「このりんご」だけを指すものじゃない。「りんご」というのは、みかんや梨《なし》とは異《こと》なるりんごという種類のくだもの全部を指す「種類の名前」なんだ。とすると、「ものの名前」は「人の名前」とだいぶ違う働きをしていることになる。これらをすべて「名前」と考えることにするか、「人の名前」みたいなものだけを「名前」と考えることにするかによっても、この問いの考え方は変わってくるんじゃないかな。

名前のないものもある

コーノ

あらゆるものに名前がついているとは、全然思わないよ。私の部屋の窓の外には桜《さくら》の木があるけれど、その曲がり具合はほかのどの桜の木の曲がり具合とも違う。その独特《どくとく》な曲がり具合の桜の木をただ「桜の木」と言っただけでは、この桜の木を言い表せていないから、名前をつけたことにはならない。「この位置でこんな角度で曲がり、次はその何センチ先がこの方向にこんな角度で曲がって……」と書いていくと、とんでもない長い文章になってしまって、これも「名前」にはならない。どう言い表そうとしても、実物の代わりにならないと思うんだ。言葉では言い表せないものがあるっていうのは、どういうことなんだろう。

アマゾンのジャングルにはいろいろな種類の昆虫がいて、名前のつけられている昆虫は全体の一割にもならないというよ。昆虫学者もあまりに種類が多いので、いちいち名前をつけることをあきらめていて、ほとんどの昆虫には名前がないんだ。もちろんどの昆虫も、昆虫は昆虫だから、それを「虫」とか「生き物」と呼ぶこともできるけれど、それではほかの虫や生き物と区別して、ちゃんと名前をつけたことにはならない。君のことを「人間」とか「小学生」とか、「男の子」「女の子」と呼んでも、君に名前をつけたことにならないでしょう?

国語辞典には約十万語の単語が載《の》っているというけれど、ものの区別はもっともっとたくさんあるし、もっともっと細かく区別もできる。だから、世界には名前がないもののほうが圧倒的《あっとうてき》に多いよ。君のまわりにある、名前のないものを探してみたらどうかな。

名前はつけていくもの

たしかに、あらゆるものに名前がついているわけではないけれど、僕は、がんばれば名前をつけられると思う。だって、がんばればジャングルにいるすべての昆虫にも、いずれは全部に名前をつけられるからだ。桜の木の曲がり具合も細かく一つ一つ名前をつけていけばいい。

名前をつけることは珍しいことではない。赤ちゃんが生まれれば名前をつけるし、新しい星を発見したら名前をつける。君だって、新しいぬいぐるみに名前をつけたりしたことがあるはずだ。さらに、現実の世界にはないものにも、名前はつけられる。「閻魔《えんま》大王」や「ペガサス」みたいな架空《かくう》のものも、名前をもっている。

この世界に存在しないものにだって名前がある。だとすれば、じつはこの世界に存在するあらゆるものの数よりも、その名前のほうが多くて、僕たちがまだ知らない、名前がついていない未知のものたちも、僕たちに名前をつけられるのを待っているってことだ。

名前がある理由は、それがどういうものなのかを、僕たちが知るためだ。だけど、そんなふうに世界中のものに名前をつけることができるのは、ものがすでに隠《かく》しもっている名前を、後から僕たちが利用しているからなんだよ。

まとめ……ものが自分の名前を決めている？

世界にはいろいろなものがあるけれど、すべてに、それらを言い表すための「名前」がついていそうだね。ツチヤくんがはじめに書いているように、名前がないと、何も伝えられなくなって困ってしまう。でも、どんなものにも名前があるなんて、とても不思議。

ツチヤくんは、「名前には二種類ある」と言っている。それは、ものの種類の名前と、一つのものだけがもっている名前だね。「吾輩《わがはい》は猫《ねこ》である。名前はまだ無い」というはじまりの有名なお話、知ってる？　この猫には、「猫」という種類の名前はついているけれど、「タマ」みたいな自分だけの名前は、まだついていないんだね。そういう自分だけの名前をもっているものと、そうでないものは、何が違うんだろう。

それじゃあ種類の名前は、どんなものにもついているかな。コーノくんは、名前のないものもたくさんあると言っている。とても大ざっぱな種類の名前はあったとしても、木の曲がり具合とか、そういうもののすべてにいちいち名前がついているわけじゃないという。人間が区別できるものの数よりも、私たちが使っている名前の数のほうが、ずっと少ないということになるね。

でもムラセくんは、名前のないものも、ほんとうは、名前をつけられるのを待っているんだと考えているよ。名前のないものに名前をつけるというのは、じつはよくあることだよね。ムラセくんは、すでにものが隠しもっている名前を、私たちが後から利用しているんだと言っているけれど、これはどういうことかな？　新しい名前をつけるときは、名前をつける人が頭のなかで勝手に考えて、その名前を相手にあげている気がする。でもやっぱり、似合《にあ》う名前と似合わない名前があるから、じつは名前をつけられるほうが自分で決めているんだという気もする。あなたはどう思う？

魚は何を思っているの？

人間と似たことを思っている

魚が何を思っているのかを考える前に、そもそも魚は世界をどう見ているのかを想像《そうぞう》してみよう。

魚の目は顔の両側についているから、人間の目とはだいぶ違うつくりをしているようだ。カメラのレンズには「魚眼《ぎょがん》レンズ」というものがあって、これは魚から見た世界の見え方を再現《さいげん》していると言われている。魚眼レンズを使うと、視界《しかい》は広がるけれど、全体は歪《ゆが》んで見えるんだよね。

もっとも、じっさいに世界がどう見えているかは、魚に聞いてみないとわからない。でも、きっと人間とは視野の広さも見え方も相当違うのだろう。だとしたら、見えている世界さえ全然違うのだから、魚が何を思っているかなんて想像もつかないような気もする。

でも、ほんとうにそうかな？　見方を少し変えてみると、じつは魚も僕たち人間も、生活の基《き》本《ほん》の形はほとんど同じと言えるような気もする。つまり、両方とも同じ生物なので、ごはんも食べればうんちもするし、敵がきたらとっさに逃げる。だとしたら、魚もえさを食べなければ「おなかがすいた」と思うはずだし、殺されそうになったなら「死にたくない」と思うはずじゃないかな？

逆にこういう想像をしてみよう。見た目は人間そっくりなんだけど、ごはんを一切食べなくてもおなかは永遠《えいえん》に空《す》かないし、殺されそうになってもまったく抵抗《ていこう》しない宇宙人がいたとする。その宇宙人と人間とは、見た目は同じでも、生活のあり方はまったく異なっているね。よく考えてみると、じつは魚よりその宇宙人のほうが、何を思っているのか僕たちにはわからないんじゃないかな？

思うってどういうことだろう

コーノ

「思う」って、そもそもどういうことをいうのかな？　「ここは暑いな」とか「トイレに行きたい」といった、他人には聞こえないけれど、自分のなかでつぶやいているようなことかな？　自分のなかだけで話すことが「思う」ことだとすると、考えるためには言葉をもっている必要があるよね。

でも魚は、言葉を話さない。少なくとも人間と同じ言葉は話さないし、話せない。けれど魚同士では、何か合図し合ったりすることはあるのかな。あるかもしれないね。「敵がきた」とか「集まれ」というような簡単な合図なら、魚同士でやりとりをしているかもしれない。その合図を魚が自分に向かって出して、それを自分で見たり聞いたりしているとすれば、魚は「思っている」と言えそうだね。

でもやっぱり「思う」ことは、魚にとって難しいと思う。自分で自分に合図を出している魚なんているのだろうか。だから結論《けつろん》を言えば、魚は何も思わないんじゃないかな。というよりも、思うことができない、のだと思う。

でも、言葉を話せない人が何も思っていないかというと、そんなことはないよね。では「思う」っていったいなんだろう。

思いは読みとっていくもの

ツチヤくんは、魚が「思う」かどうかは、僕たちと行動が似ているかどうかが重要だと考えている。でも、人間のように思っているかは疑問。僕たちと行動が似ているだけで、何も思っていない動物だっていそうだ。

コーノくんは自分自身に話すことを「思う」と考えていて、魚はそんなことしていないと言っている。でも「ここは暑い」と思っていても、心のなかでずっと「ここは暑い」とつぶやいている人はあんまりいない気もする。

もちろん、二人の意見もわかる。だから、僕の答えは二人の真んなかあたり。

たとえば、泣いている赤ちゃんの思っていることを知りたいとしよう。どうするかな? じっと見ているよりは、いろいろ試してみるよね。おもちゃをあげたり、オムツを替えてみたり。たぶん「思い」って、いろいろ試してみて、そこから読みとれるものなんだ。大切なのは、「思い」は行動が似ている同じ生物ということや、それっぽい行動をするだけでは成り立たないし、心のなかで一人でつぶやいていてもダメだってこと。

魚が何かを思っているのなら、魚の仲間同士で合図を出し合ったりしているに違いない。それを読みとろうとすれば、僕たちもある程度《ていど》その行動を理解できるはずなんじゃないかな。

まとめ……思いを知るには働きかけよう

魚は身近な生き物だけれど、何を思っているかと言われると、たしかに想像するのが難しい。犬や猫は、嬉しそう、怒っていそうなどと感じることもある。でも、魚のことは、じっくり観察していても、すいすい泳いでいるだけのように見えて、思いを感じとるのはなかなか難しそうだね。

ツチヤくんは、魚も人間も、ごはんを食べたり敵から逃げたりするような、生き物としての生活の型はほとんど同じなのだから、同じようなことを思っているはずだと考えている。でもコーノくんは、魚は何も思っていないと言っている。なぜかというと、魚はほかの魚には合図を出すかもしれないけれど、自分自身に向かって、それと同じような合図を出したりはしないから。この二人の考えが正反対になったのは、「思う」という言葉について考えている意味が違うからだよ。ツチヤくんは、「思う」とは、まわりの状況や自分の身体の状態に反応《はんのう》することであり、生き物の行動のもとになることだと考えている。でもコーノくんは、「思う」というのは自分の心のなかで、自分だけに話しかけることだと考えている。どちらのほうが「思う」の説明として正しいのかな。どちらの側面もあるような気がするけれど……。

ムラセくんは、自分以外のものの「思い」を知るためには、ただ眺《なが》めているのではなくて、いろいろな働きかけを試してみる必要があると言っている。思いって、ただ心のなかだけにあるのではなく、コミュニケーションによって現《あらわ》れてくるものなんだね。魚の思いを知るために、人間から魚に働きかけられることはあるかな? そして、魚はほかの何かに働きかけていたりするかな?

大人と子どもの心のなかの違《ちが》いはある？

心に年齢は関係ない

違いはないと、僕は思う。大人は頭が良いとか、大人は働いたりできるといった、そういう違いは思いつくし、大人のほうが知識《ちしき》をたくさんもっている気がする。いろいろな学校で勉強してきたこともあるだろうし、経験から得た知識もある。ただこれは、大人と子どもの違いではなく、しっかり勉強をしてきたか、しっかり経験から知識を受けとったかの違いだ。

勉強も経験も、ただ時間をかけてたくさんやればいいというものじゃない。だって、同じ時間をかけてやったとしても、そこから得られるものは人によって差があるからだ。

大人でも心のなかは、悪い意味で子どものままの人が意外に多い。そういう人たちは勉強も経験もしたつもりになっていただけで、ほんとうはそこから何も学んでいないんだ。学校に行ったり、いろいろな経験をしていても、そこからしっかりと知識を得ていないということだ。

逆に子どものなかにも、すでに勉強や経験から多くのことを学んでいる子がいるはずだ。勉強や経験が単に多くのことを暗記するだけだとしたら、大人のほうが多くのことを知っているはずだけれど、大切な知識は、ただ暗記すればいいってものじゃないんだ。

だから、君も大人に遠慮《えんりょ》しなくていい。人生を語るのだって、いつからはじめてもいい。大人の階段を上がった先に君がどんな人になっているかは、これから君が得る知識にかかっているんだ。

社会が子どもらしさを求めている

ムラセくんが言うように、大人と子どもとでそんなに違わない部分もあるけれど、かなり違う部分もある。人間関係に関することは、大人になるとずいぶん変わってくる。

子どもは、友だちからあまりに影響《えいきょう》されやすいと思う。大人になってみると友だちに縛《しば》られずにつきあうことができるけれど、子どもは大人に比べて仲間はずれにされることをすごく恐《おそ》ろしがる。いじめは暴力《ぼうりょく》であり、先生や親や警察《けいさつ》にすぐに訴《うった》えればいいのだけれど、黙っていることも多いよね。自分に暴力をふるう人間を敵と思っていない子だっている。そして、学校が世界のすべてのように思っているけれど、学校はじっさいはたいした場所じゃない。それから、いろいろな人に心理的に頼っている。一人で行動して、一人で生きていく覚悟《かくご》ができていない。でも、それは子どものせいというよりは、いまの社会が君たちに子どものままでいることを求めているからなんだ。

　あるテレビ番組で、十三歳なのにもかかわらず大人と同じようにアザラシ猟《りょう》をして家族を養っている、アラスカに暮らすエスキモーの少年の生活を紹介していた。その子の目つきも表情も、冷静で、厳《きび》しくて、甘えがなく、優しくて、大人だったよ。でも日本では、十三歳の子には、そんなふうに一人前に生活するのではなくて、学校で勉強を教えてもらったり友だちと遊んだりすることを望んでいるんだ。君たちに子どものままでいてほしいんだ。

大人の心にはゆとりがある

ツチヤ

コーノくんの意見に賛成。とりわけ、子どもは「学校が世界のすべてのように思っている」という考えは、ほんとうにその通りだと思う。いまの日本の社会では、子ども(特に小学生くらいのころまで)が生活する場所は、学校と家庭がほぼすべてを占《し》めるようにできている。そしてそのことが、子どもの心のあり方に大きな影響を与えていると思うんだ。

子どもの居場所は、基本的には学校と家庭の二つしかない。すると、学校や家庭で自分がどのように評価されるかは、子どもにとってはすごく重大な意味をもってしまう。さらに、この二つの居場所での人間関係は、失敗したら取り返しがつかない。だって、もし学校で仲間はずれにされてしまったら、子どもにとっては人生の半分の時間を一人ぼっちで過ごさなければならなくなるもの。だから多くの子どもは、家族や友だちや先生からどういうふうに思われているかが常に心配で、いつもまわりの目を気にしながら生きている。これは、とても余裕《よゆう》のない生き方だ。コーノくんなら「一人で生きていく覚悟ができていない」と言うのかもしれないけれど、いまの社会では、子どもが自分にとって居心地のいい居場所を勝手に見つけて、自分の好きなように居場所を変えていくことは難しいので、どうしようもないんだ。

もちろん、大人も毎日会社に通っている。でも、大人は嫌なことがあれば、いつでも会社を辞められるし、仕事以外の場(たとえば趣味《しゅみ》の集まりなど)で人間関係を築《きず》くこともできる。このように、自分の居場所を固定せずにいくつもつくっていくことで、大人は心に大きなゆとりを得ているんだ。子どもは自由だって言うけれど、僕はやっぱり、大人に比べて子どものほうが心の自由やゆとりは少ないと思うな。

まとめ……子どもはもっと自由になれる

大人と子どもでは、身体の大きさや見た目がものすごく違う。でも、心のなかはどうかな。私は子どものころ、自分は一人前の大人のようにものごとを考えていると思っていた。でも大人になってみると、子どものころとは自分の心のなかがずいぶん違っているような気もする。

ムラセくんは、大人と子どもの心に違いはないと考えているよ。それよりもむしろ重要な違いは、勉強や経験からどれだけ多くの知識を学んだかということなんだ。大人になっても、経験からほとんど学ばなかった人は幼《おさな》いままで、まだ子どもでもきちんと学んでいる人は心が成熟《せいじゅく》していると言っているね。この「知識」というのは、ただ暗記するようなものではないそうだけれど、それなら、どんなふうに学んで身につけることができるんだろうね。

コーノくんとツチヤくんは反対に、子どもの心は、大人の心とずいぶん違うと考えている。特に、学校が世界のすべてであるかのように思いがちで、学校の友だちや先生との人間関係から強く影響を受けてしまう、という特徴があると言っているよ。大人は、そこまでまわりの人たちに影響されたりはしないんだね。

では、なぜそんな特徴があるのかというと、二人とも、日本の社会のあり方がその原因だと考えている。コーノくんは、日本の社会は子どもに、一人前にならないよう望んでいると言っているし、ツチヤくんは、日本の子どもにとっての世界は、じっさいにほとんど家と学校しかないのだから、そこでの人間関係に影響されるのは当然だと考えている。子どもにとっては、いますぐ自分で社会のあり方を変えることは難しいけれど、もっと自由に考えられるようになるために、何かできることはあるのかな。

正直者はばかをみる？

正直者と真面目の違い

正直って、うそや偽《いつわ》りがないことだよね。私の経験では、正直者は得をしている。

たとえば、はじめて入ったお店でおつりをごまかされたとしよう。そのときは、お店はお金を多くもらって少し得をする。でも、君は後で気づいて二度とそのお店に行かない。友だちにも「あのお店はずるをする」って教える。みんなその店に行かなくなる。

うそをつく人は、人をだまして最初は得をしても、何度も同じ手ではだませないからどんどん人の信用を失って損《そん》をしていく。正直者というのは、一回だけ正直でもダメなんだ。ずっと正直に生きるということは、最終的には本人の得にもなる。これは心理学の実験でも確《たし》かめられているよ。

でも、君がほんとうに聞きたいのは「真面目に生きていても、損をするのはなぜ?」ってことじゃないかな。だとすると、それはまったく別の話。真面目と正直はどう違うのかって?

「真面目」というのは、自分の仕事や与えられた役割をただ一生懸命《いっしょうけんめい》にやっていること。「正直」というのは、他人のためを思ってやることだ。ただ真面目に生きているだけでは、それが誰かのためになっているかどうかはわからない。自分がやっていることがどういう結果を生んでいるかを考えない人は、「ばかをみる」よ。

正直者は損得を考えない

コーノくんによれば、ただ真面目に生きているだけの人が「ばかをみる」理由は、その人は自分のやることに一生懸命取り組んでいるけれど、それがどのような意味をもち、どのような結果をもたらすのかを考えていないからだ。逆に言えば「ばかをみない（損をしない）」ために何よりも必要なことは、合理的に「考える」ことである。つまり、状況を冷静に分析《ぶんせき》して、いま自分が取り組んでいることの意味や結果をじっくり考え、それに基づいて将来を見越して行動すれば、

損をすることはない。よく考えることが「ばかをみない」という結果を引き起こすのであって、真面目に一生懸命生きることと、損をしないこととの間にはほんとうはなんの関係もないんだって、コーノくんは言っているんだ。

　でも、そういう計算ずくで生きている人は、僕にはあまり「正直者」っぽく見えない。ここでの「正直者」には「善人《ぜんにん》」という意味も含まれていると思うけれど、ほんとうに善《い》い人というのは、自分の損得なんて何も考えないで、ただただ人のためになることをするからこそ、善い人なんじゃないかな？　真面目なだけで、考えない人はダメだとコーノくんは言うけれど、後先も損得も考えずにただ自分が善いと思っていることにしたがって一生懸命行動する人のことを、むしろ僕たちは善人と呼んでいると思う。

　僕は落語が大好きなんだけれど、落語のなかに登場する善人は、だいたいはそういうタイプの人間だ。

ほんとうに損《そこ》なうものって？

コーノくんは、善いことをするのは損をしないためであり、じっさいにそうなっていると言っていて、ツチヤくんは、善いことをすることと得をすることはほんとうは別の話なんだと言っている。

僕が不思議なのは、ばかをみるとか損をするってどういうことなんだろう、ということ。たとえば、誰かを助けていて学校に遅刻《ちこく》し、怒られたとしよう。これって損をしたのかな?僕はそうは思わない。たしかに、怒られることは嫌なことだ。でも、ほんとうは損をしていないんじゃないかな。むしろ、遅刻や怒られるのが嫌だからといって誰かを見捨てていたら、それこそ人間として大切な部分を損なっている気がする。

正直＝善いことをしている限り、いくら損だとか、ばかだとかまわりに言われても、ほんとうは損をしていない。ある意味では、善いことをすると損することができないんだ。だから、「正直者はばかをみる」なんて、ほんとうは起こっていないし、起こりえないと思うんだ。

まとめ……ずるさのない世のなかにするには

「正直者はばかをみる」というのは、いつも正しいことをしようと心がけている人は、ずる賢《がしこ》く、人をだまして悪いことをする人よりも、損をしてしまうという意味の言葉だよ。たとえば、学校でそうじの時間にきちんとそうじをする人は、先生が見まわりに来ないときにさぼっている人より、たくさんそうじをしなくちゃいけない。宿題を自分でやる人は、お兄さんに代わりにやってもらった人より、たくさん間違えて、悪い成績がつくかもしれない。こんな意味のことだよね。

　コーノくんは、この言葉は間違いだと言っている。なぜかというと、長い目で見れば、結局は正直な人のほうが得をするから。ずるをすると、みんなの信頼《しんらい》を失ってしまうというんだね。でもそれなら、一回だけのずるならば得をするかもしれないし、ばれないずるなら大丈夫かもしれない。そういうずるなら、したほうがいいと思う？

　ツチヤくんは、コーノくんの言うことが正しいとしても、「ずるをして得をしたいけれど後でもっと損をするのは嫌だから、仕方がないから真面目にやろう」なんて考えている人は、ほんとうに正直な人とは言えないと言っている。たしかにそんな気がするね。でも、何も考えずに行動する人は、ただのおばかさんだ。それなら、ほんとうに正直な人というのは、どんなことを考えて行動している人なんだろう?

ムラセくんも、「正直者はばかをみる」という言葉は間違いだと言っているけれど、理由が少し違う。叱《しか》られたり、お金を失ったりすることよりも、自分が善いと思うことをしないことが、一番の損だというんだ。だから、正直に信念を貫《つらぬ》く人は、一番の損をすることは絶対にない。なるほど、それはすごいね。でも、あまりに立派だから、自分も正直になれるか考えてみると、自信がなくなってしまう。小さな損が積み重なると、心が折れてしまって、もしかしたらずるをしてしまうかもしれないな。あなたはどう?

最後にもう一つ。「正直者はばかをみる」というのは、「だからどんどんずるをしよう」ということではなくて、「正直な人が損をして、悪い人が得をする世のなかになってはいけない」といましめる言葉としても使われるよ。正直な人が悪い人よりもきちんと得をする世のなかにするには、どうしたらいいと思う?

幸せってどんなとき？

幸せは日常のなかにある

この問いを考えるために自分の生活を見つめ直してみて、いまの自分はまずまず幸せだなあって改めて気づいたよ。やりたいことをやり、ほんとうに嫌なことはできる限りしないで生活ができていて、それなりに自由気ままに生きているって実感があるんだ。とはいえ、そういう生活を維持《いじ》するのもけっこう大変で、ふだんは「自分が幸せだ」という実感なんてない。仕事もたくさんあるし、毎日の予定をこなすだけでせいいっぱい。だから仕事から帰ってお風呂に入り、頭が空っぽになったときに「幸せだな」って感じることもあるけれど、それは「気持ちいい」とか「楽」に近くて、本来の「幸せ」とはちょっと違う気がする。

「気持ちいい」とか「楽」というのは、瞬間的《しゅんかんてき》に感じるものだけれど、「幸せ」はそういうものじゃないと思うんだ。ふだんはあたりまえで何も感じていないことでも、改めてふり返って考えてみることで、それが「幸せ」だと気づくことはよくある。「毎日ごはんが食べられるのは幸せ」とか「家族がみんな健康でいるのが幸せ」みたいにね。こういうふうに人生全体をふり返り、自分の価値観《かちかん》に照らし合わせて改めて考えることによって、「幸せ」ははじめて実感できるものじゃないかと思うんだ。

だからこの問いに答えるなら、僕の幸せは、ふだんあたりまえに過ごしているいまの生活が、ちょっといいものだってことを思い出す（そんなふうに自分をふり返る余裕《よゆう》がある）ときかな。

何を大切にして生きていくか

僕は「人は幸せになるために生きている」と考えている。これは、幸せと生きる理由には、つながりがあるということだ。幸せは人それぞれで決まった形はなくて、あるとしたら自分で決めた「人生でいちばん大切なこと」ができるときのことだ。もう少し別の言葉で言うなら、自分が幸せだと思うことをするときが幸せ――そんな感じかな。

もちろん、まわりから見るとなんであんなことをやるんだろうとか、そんなつらいことはやめてしまいなよ、と言いたくなるような人生の目標をもっている人もいる。そんな人は、まわりからいろいろ言われるだろうし、そのことで悩むかもしれないけれど、そんなことは幸せとか不幸せとまったく関係がない。誰からもほめてもらえないときだって、逆にものすごくたくさんの人にほめてもらえたときだって同じだ。

そんなことと幸せは、ほんとうは関係ないんだ。重要なのは、そのために生きることができるということで、それだけで十分に幸せなんだ。何しろ、自分にとってのいちばん大切なことがわかっているんだからね。

自分にとっていちばん大切なことを知ることは、とても価値があることだ。もしかしたら、それだけでも幸せなのかもしれないくらい、とても大切なことなんだ。

他人と比べるものではない

もっと単純に考えてみようよ。幸せだと感じるときって、いつでもある。気持ちよかったり、

楽しかったりするときが、それ。洗いたてのシーツを敷《し》いた布団《ふとん》に入るとき。みんなとバーベキューをしたとき。山に登って冷たい水を飲んだとき。本を読んで何かがわかったとき。いろいろあるよね。それを見つけるのは難しくない。

ツチヤくんは「楽」と「幸せ」は違うと言っているけれど、そんなに差はないと思うな。何か楽しいことをやっているときにふと気がついて「幸せだな」って思うんじゃないかな。「幸せ」って「楽しい」よりも、ほんの少し思う時間が長いだけじゃないのかな。むしろ、自分が幸せかどうかの判断が難しくなるのは、人と比べたときだと思う。

おいしいごはんを食べているときに、となりにお金がなくて全然食べていない子がいたら、おいしくなくなっちゃう。同じように、となりで「僕が食べているごはんのほうがもっとおいしいよ」と言われても、やっぱり嫌だ。そういうときには幸せな気分になれない。難しいのは、自分の幸せだけじゃなくて、ほかの人の幸せとか不幸せをどう考えるかってことじゃないかな。

一つの解決法は、他人と比較しないこと。自分の気持ちだけに集中するんだ。そしてもう一つは、ほかの人の幸せのことも考えること、かな。そうすると、他人が幸せなときに自分も幸せを感じられるかもね。

まとめ……幸せにはいろいろな種類がある

「幸せ」ってとても素敵な言葉だね。でも、ふだんの生活のなかで、何かを幸せだなんて呼ぶと、ちょっと大袈裟《おおげさ》な感じもする。とても素敵で大切な言葉だから、こんなことを幸せって呼んでいいのかな、と迷《まよ》ってしまうこともある。改めて、「幸せ」ってどんなことなんだろう。

ツチヤくんは、自分の生活をふり返って、ふだんあたりまえに過ごしているいまの生活がちょっといいものだということを思い出すときが、幸せなときだと言っている。幸せって、後になってから思い出して感じるものなんだね。ムラセくんは、自分にとって人生でいちばん大切なことをできるときが、幸せなときだと言っている。まずは、自分にとって大切なこととはなんなのかを、知っておくことが大切なんだ。ツチヤくんとムラセくんの意見はかなり違うけれど、何かをしているその瞬間だけに幸せがあるのではなくて、前や後に起きたことと結び付けることによって幸せを感じるということが、共通しているよ。

コーノくんはそれとは違って、何かをしているときの「楽しい」「気持ちがいい」といった感じが、そのまま幸せなんだと考えている。でも、そんな単純な幸せも、ほかの人の幸せや不幸せと比べて考えると、判断が難しくなってしまうと言っているね。コーノくんは、他人と比べずに自分の気持ちに集中すれば解決すると言っているけれど、過去の自分の幸せと比較した場合はどうかな。やっぱり、幸せかどうか判断するのが難しくなってしまいそう。コーノくんの言う、いまの自分に集中する幸せと、ツチヤくんやムラセくんの言う、過去や未来の自分につながった幸せは、両立するかな？

年をとるとなぜ頭がぼけるの？

「わからなくなる」ということ

頭がぼけるって、認《にん》知症《ちしょう》みたいな病気になることかな？　でも、年をとっても認知症にならない人もいるよね。逆に若くても認知症になる人がいる。原因のわかるものもあるし、わからないものもある。でも、これではきっと答えにならないよね。

この問いの一つには、「ぼける」ことへの怖さがあるような気がする。だから僕は、この「ぼけることへの怖さ」の理由を考えてみることにするね。

僕は、この「怖さ」の根っこには「わからなくなる」ことへの怖さがあると思うんだ。もちろん、単にわからないことならいままでもたくさんあるし、それだけなら怖くはない。でも、いままでわかっていたことがわからなくなってしまうのって怖い。「わかっていたのにわからなくなった」と、「わかる」からだ。これは「なくす」ことに似《に》ている。「なくす」と元から「ない」のとは、違う。元々あったものしかなくせないからね。つまり「わからなくなる」には「わからない」とは違う独特の怖さがあるんだ。

自分を失う怖さがある

コーノ

認知症というのは脳の病気なんだ。でも、ムラセくんが言うように、ただ単に年をとっただけでは、この病気にはならない。いくら年をとっても脳が健康な人は、どうでもいいことは忘れても大切な人や出来事は覚えているし、性格も変わらない。きちんと考えることもできる。

でも、私の親戚《しんせき》のおじさんで認知症になった人は、むかしはあれだけたくさんいっしょに遊んでくれたのに、私のことを完全に忘れてしまったし、さっき言ったことも覚えていられない。怒りっぽくなって、性格も変わっちゃったみたいだ。同じ身体でも、別の人になってしまったような感じがする。怖いよね。

でも、ときどきむかしのことを思い出して話すんだ。そのときには、元のその人に戻る感じがする。むかしの頼《たよ》りがいのあるおじさんに戻ったみたいだった。だから、なんだか病気がその人を徐々《じょじょ》に乗っとっていくような感じがした。だんだん自分が自分でなくなっていく感じが、自分を失う感じが、この病気の怖さの理由かな。

忘れることは素晴らしいことかもしれない

ムラセくんもコーノくんも、頭がぼけることは、怖いことだと思っているみたいだね。

僕もこの前、認知症のおじさんと久しぶりに会う機会があったんだ。僕が赤ちゃんのころからずっとかわいがって遊んでくれた人だけれど、あいさつをしたら僕のことはやっぱり完全に忘れてしまっているみたいだったよ。でも、もっとショックだったのは、その日はおばさんのお葬式《そうしき》だったのだけれど、おじさんは自分の妻《つま》のことなのに誰が亡《な》くなったのかもわからなくなっていて、ご遺体《いたい》を見て「この人、誰？」と言っていたことだった。この光景を見たときには、さすがになんとも言えない悲しい気持ちになったよ。

でもそれは、僕がそのように感じただけで、おじさん本人はいたって気楽で楽しそうだった。

だとしたら、これは、おじさんにとってほんとうに怖くてつらいことなのかな？

僕の友だちに「認知症が病気なら、僕たちだって『記憶症《きおくしょう》』という病気の患者《かんじゃ》だと言えるんじゃないか」と言う人がいるんだ。なまじ記憶する能力があるから、僕たちは過去にとらわれ、苦しみ、ときに身も心も壊《こわ》してしまうんじゃないかって。最初に聞いたときは、変な話をする人だなぁと思ったけれど、よくよく考えてみると、人生の最後に記憶から解放され、すべてを忘れて「ぼける」ことは、案外素晴らしいことかもしれないね。

まとめ……記憶についての問いへつながる

「頭がぼける」と言われているのは、認知症という脳の病気なんだね。この病気にかかると、大切な家族や友だちのことも誰だかわからなくなってしまったり、大事な思い出も忘れてしまったりする。性格も変わってしまうことがある。お年寄りに多い病気だけれど、ただ記憶力が弱って忘れっぽくなるのとは、全然違うんだ。
三人は、この病気のことをどう理解したらいいのか、この病気とどう向き合ったらいいのか考

えている。ムラセくんとコーノくんは、認知症には独特の怖さがあると言っているね。ムラセくんは、いままでわかっていたことがわからなくなってしまう怖さ、コーノくんは、自分が自分でなくなっていく感じの怖さがあると考えているよ。

それに対してツチヤくんは、忘れてしまうことは悪いことばかりではないと言っている。たしかに、覚えているからつらいこと、忘れてしまったほうが楽なことも、人生にはたくさんある。そういうことも忘れてしまうのだから、認知症になるのは、本人にとっては案外幸せなことなのかな。でも、いい思い出も忘れてしまうのだから、やっぱり怖いことかな。

三人の話をふまえると、認知症という病気を理解するには、「記憶」についてよく考えてみる必要がありそうだね。人生のいろいろな出来事や、出会った人々についての記憶があるということは、私たちの人生にとって、どういう意味があるのだろう。自分の人生のあれこれを覚えていることは、自分を自分だとわかっているということと、どんな関係があるのだろう。大切な誰かを忘れる怖さと、誰かに忘れられる悲しみには、つながりがあるのかな。こうしたたくさんの問いに、認知症についての問いはつながっているんだ。

なぜ考えたくないことを考えてしまうの？

気分転換してみよう

すごくよくわかる！　僕も嫌なのに、その嫌なことばかりをいつも考えていたよ。どうしてなんだろう。

二つに分けて考えてみよう。一つは、考えるべき問題がある場合。たとえばテストの前で、悪い結果ばかりを考えてしまうような場合だ。これは考えるべき理由があるから、じっくりと向き合って、どうやったらテストでいい結果を得られるか――もっとわかりやすく言えば、どうやって勉強を進めていくかを考えるしかない。こうした考えるべき問題がある場合は、自分が嫌だったとしても考えるしかない。問題が向こうからやってきて、考えてくれーって迫《せま》ってくる感じだ。

でも、そうじゃない場合もある。ほんものの問題があり、考えるべき理由があるのなら、じっくりと向き合えばいい。けれど、それがあまりにつらかったり、理由もなくてただ頭が暴走《ぼうそう》してしまっているときもある。次々と嫌なことが頭に浮かんでしまって、それを考えてしまう。そんな場合だ。

残念だけど、僕たちは自分の思考をいつでも自分でコントロールできるわけではないんだ。こういうときは、外側から考えられなくするのがいいと思う。僕があるときから趣味でラジオを聴きはじめたのは、このためだ。ほかに、身体を動かすというのもいいよね。ラジオなら、音楽より誰《だれ》かのトークを聞くほうが僕には効果的《こうかてき》。その人が話していることを聞いていれば、その話で自分の頭がいっぱいになっていって、少しは考えなくて済むからだ。オススメだよ。

自分を苦しめるのはよそう

健康なのに病気になったらどうしよう、火事になったらどうしよう、と考えてしまうのかな。そういうのを「心配性《しんぱいしょう》」っていうよね。ムラセくんが言うように、起こる可能性のあること――たとえば、地震が起こったらどこに避難《ひなん》するかなどを考えることは大切だよ。あらかじめ考えて備《そな》えられることをやっておくのは大切だし、必要なことだね。

でも、ほとんど起きそうにないことや、考えても仕方がないことをくり返し考えているのって、自分を自分でいじめているのと同じじゃないかな。君は楽しいことや幸せなことがあると、自分はもっとつらい目にあわなければならないのではないかと思っていないかな。自分のせいで誰かが嫌な目にあっていると考える人は、自分がもっと苦しまなきゃいけないと考えてしまうことがあるよ。心配性って、何も悪いことはしていないのに、自分に罰《ばつ》を与えている状態だと思うんだ。

でも考えてみて。そうやって自分が嫌な思いをしても、誰も喜ばないし、君を心配する人もいるはずだよ。いじめは、他人に対してやるのと同じくらい、自分に対しても、よくないことだよ。

コントロールできないもの

コーノくんの話はたしかに納得できるのだけど、心配性の人がコーノくんの話を聞いて「よし！　今日からは余計《よけい》なことを考えるのをやめよう！」と決意したとしても、それだけで考えたくないことを考えないようになれるとは思えない。この点で、僕はムラセくんの言っていることのほうに共感するな。つまり「考える」っていうのは、必ずしも自分の意志でコントロールでき

るような行為《こうい》じゃないって、僕も思うんだ。何かを考えようと思って考えることもあるけれど、「考え」ってふつうは心のなかに急に浮かんできたり、向こうのほうから一方的に「襲《おそ》って」きたりするものなんじゃないかな？　だから、考えたくないことを考えてしまうのは、おなかが急に痛《いた》み出すようなもので、理由なんてなくて、ただそうなる原因《げんいん》があるだけなんだ。

ちょっと極端《きょくたん》な話かもしれないけれど、何もしていないのに嫌なことや心配事で頭がいっぱいになって、ベッドから起き上がれなくなっているとしたら、その人はストレスで心が疲れきっていて、心の病気にかかっている可能性がある。つまり、病気で脳の状態がおかしくなってしまったことが原因で、考えたくないことを考えてしまうということもありうるんだ。そんなときはお医者さんに相談して治療をしてもらえば、頭が心配事でぐちゃぐちゃになっている状態から抜け出せるはずだよ。これは全然おかしなことじゃない。おなかが痛くなったときに、病院に行って薬を飲んで痛みを止めるのと、まったく同じことなんだ。

まとめ……考えるってなんだろう

「考える」って、自分がやることなんだから、自分で全部コントロールできそうな気がする。だけど、考えたいことがあるのにぼーっとしてしまったり、考えたくないことで頭がいっぱいになってしまったりすることがある。どうしてなんだろう。

三人はそれぞれ違った原因を考えているよ。ムラセくんは、じつは自分の考えというのは、すべて自分でコントロールすることはできないものなんだと言っている。だから、考えたくないことを考えてしまうことがあるのは、仕方がないというんだね。そういうときは、ほかのことで頭をいっぱいにするような工夫ができるんだって。効果があるかどうか試してみよう。

コーノくんは、心のどこかに、自分はもっとつらい目にあわなければいけないという気持ちがあると、それが原因で嫌なことや心配なことばかり頭に浮かんでしまうことがあると言っている。そういうときは、自分をいじめるのをやめて、自分は楽しいことばかり考えていてもいいんだって思うようにしないといけないね。

ツチヤくんは、心や脳も、ほかの身体の部分と同じように病気にかかるから、それが原因で嫌なことばかり考えてしまうこともあると言っているよ。たしかにそうだね。ムラセくんやコーノくんが教えてくれた方法を試してみても、効《き》かなくて苦しくなってしまうなら、お医者さんに相談したほうがよさそうだね。

それにしても、言われてみれば、考えってちっとも自分でコントロールできてないね。叱《しか》られているときに思い出し笑いしちゃったり、同じ曲が頭のなかをぐるぐる回っていたりすることもある。それなら逆に、自分でコントロールできるのって、どういう考えなんだろう。

人を殺してしまう人がいるのはどうして？

仕事の場合もある

世のなかには、いろいろな理由で人を殺す人がいる。たとえば誰かを恨《うら》んでいて、その人がいなくなってしまえばいいと考える人がいる。あるいは、誰かとケンカをし、腹を立てて、思わず相手が死んでしまうほどの暴力《ぼうりょく》をふるってしまうこともある。また、誰かがもっているお金や地位がほしくて、それを自分のものにするために、人を殺す人もいる。

このくらいはなんとなく想像《そうぞう》できると思うけれど、それだけじゃない。ただ楽しそうだからという理由で人を殺す人もいる。生きることが嫌になってしまったけれど自殺することはできないから、死刑《しけい》になりたくて人を殺す人もいる。特に理由はないけれど、なんだかむしゃくしゃして、誰でもいいから殺してしまおうとする人もいる。悲しくて怖いことだと思うかもしれないけれど、これはじっさいに起きていることなんだ。

そして、ほかにもまだ人が人を殺す理由はあるよね。戦争では、勝つために敵の兵士を撃《う》つ。警察官も、犯人がほかの人を殺そうとしていたら、その人を守るために仕方なく犯人を撃つ。また、罪を犯《おか》した人に死刑を執行《しっこう》する人もいる。こんなふうに、社会のために、仕事として、人を殺す人もいるよ。

いろいろな理由があるけれど、もしあなたにも同じ理由ができたとしたら、あなたも人を殺すかな。どう思う？　そう考えてみると、私は、なんだかわからなくなってしまうよ。

殺す怖さを超《こ》える何かがある

ツキヤ

この問いは、じつは僕も答えがまったくわからないんだ。と言っても、もちろんなげやりに答えているわけではないので、なんでわからないのかについて説明してみるね。

誰かを殺したいほど憎《にく》らしく思うことがあるということは、僕にも理解できる。とはいえ、そんなふうに人を心から憎むなんてことは、じっさいにはめったにないことだけれど、たとえば、ある人に徹底的《てっていてき》にいじめ抜《ぬ》かれたり、大切な人を目の前で無慈悲《むじひ》に殺されたりしたら、その人を本気で殺したいって思うことは十分ありうるだろう。

でも、いくらそう強く思ったとしても、その思いからどのようにしてじっさいに「殺す」という行動に至《いた》れるのかが、僕には実感としてよくわからない。つまり、どれだけ相手を憎らしくて殺したいと思ったとしても、その思いから自分の身体をほんとうに動かして「殺人」という行為《こうい》をじっさいに起こせるのかと言われたら、やっぱり僕にはそんなことができる気があまりしないんだ。たぶん僕だったら、人を殺す恐怖心で身体が固まって動けなくなってしまうと思う。

自殺についても同じで、きっと僕の場合は、いくら深く落ち込んで「死にたい」と思ったとしても、じっさいには身体がすくんでしまって自殺なんてできないんだろうな、と思っている。他人や自分をじっさいに「殺す」というところまでいくためには、このような身体の本能的《ほんのうてき》な拒否《きょひ》反応《はんのう》を抑《おさ》え込むくらいの何かが必要なはずで、それが何かが僕にはわからないんだ。

それぞれに自分なりの理由がある

たしかにツチヤくんが言うように、僕も、じっさいに殺したいと強く思ったとして、殺せるかと言われたら自信はない。でも、変な話だけれど、ほんとうに殺したいのなら、ちゃんと練習をする必要があると思う。兵士だっていきなり戦場に送られるわけじゃない。身体も心も訓練をして、敵を殺せるような人間になってから戦場に行くんだ。

ゴードさんが言う理由のない殺人の場合は、準備も練習もしようがない。だから、殺人について考えるときにはやっぱり、強い動機（理由）があるかどうか、それはちゃんとした理由になっているかどうか、が重要な分かれ道だ。

もちろん、ふつうの生活のなかでは人を殺す理由はなかなか生まれない。いくら犯人が自分にはちゃんとした理由があると言っても、まわりの人は納得できないだろう。でも、戦争に参加したり賛成《さんせい》したりする場合など、自分で意識しているかどうかはともかくとして、人は誰かを殺すことは仕方のないことだと思っている。だって、じっさいに自分が兵士となって人を殺すかもしれないし、自分が兵士にならないとしても兵士を支援《しえん》することになるとわかっているからだ。そうした、殺人に賛成しているときなど、人は、人を殺すための十分な理由があると考えている。ほかに、自分や大切な人が攻撃《こうげき》されて命が危ないと感じているとき、などもそう。

だとすれば、まわりから見るとちゃんとした理由のないひどい殺人事件に思えても、もしかすると、その犯人は自分の大切な人の身の危険を感じていたのかもしれないね。もちろん、その「感じ」は勘違《かんちが》いかもしれないけど、本人にとっては真剣《しんけん》で、それが殺人をする理由になると思っている。こう考えると、あらゆる戦争も同じような勘違いからはじまるのかもしれないね。

まとめ……誰にでもある可能性の一つ

この問いを考えた君は、人を殺すような人は自分と全然違う、理解できない人だと思っていない？　自分の家族や友だちのなかには、そんな人はいないと思っているでしょう。それは違うな。

まず、日本には死刑制度《せいど》があって、これはつきつめて考えれば、多くの国民が「悪いことをした人のなかには死んだほうがいい人がいる」と思っているからこそ存在している制度なんだ。刑《けい》務官《むかん》という人たちがじっさいには死刑を行うのだけれど、ほんとうに死刑を命じているのは国民、つまり君のお父さんやお母さん、近所のおじさん、おばさん、そして私なんだ。

ゴードさんが言うように、警察官や兵士など誰かを守るために人を殺さなければならない仕事もある。本人たちがやりたくなくても、任務《にんむ》だからやっている。ふつうの人が、任務や義務《ぎむ》で人を殺すということはありえるんだ。このことを忘れちゃいけない。

でも、テレビで大きく報《ほう》じられるのは、怒りに任せて人を殺す人や、恨みからそうする人だったりする。お金がほしくて人を殺してしまう人もいる。そういう人も、人を殺すことが悪いことだとわかっていないわけじゃない。この人だけはどうしても許《ゆる》せないとか、自分にはそうする権《けん》利《り》があると思うから、そうしているんだ。こんなことは考えるだけで恐ろしいことかもしれないけれど、君も家族や大切な人を殺されたら、その犯人に殺意をもつかもしれないよ。

人を殺すには、それぞれ、その人たちなりの理由が必ずある。怒りの衝動《しょうどう》や楽しそうだからという理由で殺してしまう人たちにも、そうせざるをえない人生の流れのようなものがあるんだ。大切なのは、私たちがそういう彼らのそれぞれの立場や思いを理解して、そうした流れにならないようにしてあげることだと思うんだ。

第3章

この世界の外がわへ

人はなぜ生きるのか？

生きることが目的

「なぜ？」って言われても困るなぁ。だって、もう気がついたら生きてしまっているし、心臓《しんぞう》などは勝手に動いているから、だよ。なぜ生きるのか知らなくても、生きているでしょう。だからそんな疑問なんて、きっとどうでもいいことなんだよ。

けれどこの問いは、君自身が生きていることに何か意味があるかどうかを聞いているんだよね。君は、自分がただ生きているだけじゃなくて、生きることに意味を与《あた》える目的や理由のようなものがあるんじゃないかって思っている。

そういうときは、山奥《やまおく》でキャンプをしてみるといいよ。いまの日本での生活は、水や食べ物、家などが簡単に手に入るけれど、山奥では、飲める水を探《さが》して運ぶだけで大変。高い山や森のなかでは、食べ物だってなかなか見つからない。そう、生きているだけでせいいっぱい。

都会でも病気になったりけがをしたら、毎日毎日、生きていること自体が目的だよ。「人はなぜ生きるのか」という問いが生まれるのは、生きていることが容易《ようい》なため。だから、それ以上のことがしたくなるし、生きていること以外に目的があるように思うんだよ。

でも私は、生きることには生きること以上の目的や意味なんてないと思う。生きること以外の目的なんて、あってもなくてもたいしたことじゃない。だから、私はただなんとなく生きて、満足している。それで十分さ。

幸せになるために

たしかに、いつもはなんとなく生きているし、生きていること自体が目的って感じもする。だけど、生きていること以外に何か目的とか理由みたいなものが必要なときもあるし、じっさいそういう理由ってあると思う。
たとえば、幸せになることや楽しいと感じることは、そういう目的や理由になる。つまり、人

は幸せになるために生きているし、楽しいから生きているってことだ。誤解《ごかい》してほしくないのは、この幸せとか楽しいというのは、ごはんを食べて満腹《まんぷく》！　みたいな気持ちよさじゃないってことだ。まわりから見るときつそうだし、じっさいにもけっこう大変だったりするときでも、幸せだったり、楽しいと思えたりする、そんな幸せや楽しさだ。こういうものは、生きる目的や理由になる。もちろん、何をするとそう思えるかは、人によって違《ちが》うと思うよ。でも、君にもそう思えるものがあるし、きっと見つかるんじゃないかな。

え？　もしそれがない人や見つからなかった人はどうするかって？　もちろん、そういう人には生きる理由がないことになるよね。でも、「人はなぜ生きるのか」に対して、どんな答えを言ったとしても、それに当てはまらない人はいると思う。みんなに当てはまるような答えはたぶんないと思うんだ。

生きた結果に幸せがある

ツチヤ

ムラセくんとコーノくんは、生きることに目的や理由があるのかどうかで異《こと》なる意見をもっているみたいだ。コーノくんはそんなものはないと考えていて、生きること自体が目的だと言っている。これに対してムラセくんは、幸せになることが生きる目的だと言っている。

でも僕《ぼく》は、幸せになることが生きる目的だっていう考え方をあまり好きになれない。だって、幸せになることが人生の目的だとしたら、そのために一生懸命《いっしょうけんめい》努力をしなくちゃいけない気がするし、もっともっと幸せになるために他人とも競争しなきゃいけないんだとしたら、そんなの疲《つか》れちゃうだけで、全然楽しい人生とは思えないからだ。

そもそも、幸せって目指してなるものなのかな? 一生懸命好きなことをしたり、遊んだりして、その結果「いまが幸せだなあ」って感じることはあるけれど、それはあくまでも結果であり、最初から「幸せになろう」と思って、好きなことをしたり遊んだりしているわけじゃないんじゃないかな。

だから、幸せになることは生きる「目的」ではなくて、生きた「結果」だというのが僕の意見だ。でも、そういう「結果」を得るためには、コーノくんのように「ただなんとなく生きている」だけでもダメな気がする。じゃあどうしたらいいのかは、僕にはまだよくわからないけれど。

まとめ……どんなふうに生きたい？

「人はなぜ生きるのか？」という問いに答えるためには、どうやら、ほかのいろいろな問いについて考えないといけないみたいだよ。

コーノくんとムラセくんは、「生きることに目的や理由なんてあるの？」という問いについて、いっしょに考えている。コーノくんは目的も理由もないと言うけれど、ムラセくんは目的も理由もあると言っている。どちらが正しいのかな。目的も理由もなくただ生きるだけなんて、ちょっと物足りないような気もする。でも、何かの目的のためにがんばって生きるのも、大変そうだね。生きる目的を見失うかもしれない、と思ったら、少し不安にもなる。やっぱり目的なんていらないのかなあ。

ムラセくんとツチヤくんは「幸せになることと生きることは、どんな関係になっているの？」という問いについて、いっしょに考えている。ムラセくんは、幸せになることが生きる目的で、僕たちは幸せになるために生きているんだ、と言っている。でもツチヤくんは、その考えは間違いで、好きなことをしたり遊んだりして生きていると結果的に幸せになれるんだ、と言っている。どちらが正しいのかな。ツチヤくんの言う通り、幸せのためにがんばりすぎて無理をしたら、結局不幸せな人生になってしまう気もする。でも、目標のためにがんばっているときには、幸せな気持ちになっているような気もするな。あれ、そもそも幸せってなんだったっけ。

なぜ生きるのかを考えていたら、結局、わからないことが増えてしまったよ。あなたは、なぜ生きているの? なんのために、どんなふうに、生きたいと思う?

無ってどんな空間？

何も「ない」が「ある」

ツキヤ

無ってほんとうに不思議だよね。何もないっていったいどういうことなんだろう？　「無ってどんな空間だろう？」という疑問を抱《いだ》いたということは、もしかしたらあなたは、空間のなかに物が一つもない様子を想像して、それってどんな空間だろう、と考えているのかもしれないね。でも、そうだとしたらあなたは、ほんとうの「無」を想像できていないと僕は思う。だってそのような想像では、なかに物が一つも入っていなくても、入れ物である空間自体は「ある」ものとして想像されてしまっているから。ちょうど、箱のなかに物がなくても、箱自体は「ある」のと同じように。

では、無は空間もない世界ってことだろうか？　でも、空間のない世界なんて、そもそも想像できるのかな？　僕には想像できる気がしない。だとしたら、無は人間には想像することさえできない世界ってことになるのかもしれない……いや、この答え方でもまだダメだ。もしそうなら、「無」は「人間には想像することさえできない世界」として、やっぱり「ある」ことになってしまうから。

こう考えていくと、無は「何もないこと」だと言ってみても、そう表現《ひょうげん》したとたんに、無はそういうものとして「ある」ことになってしまう。だとしたら、無ってそもそも、表現したり語り合ったりすることさえできないものなのではないかな？

言葉として「ある」だけ

現在の物理学では、空間というものは空っぽの器じゃなくて、目に見えない様々な力が働いている「場」のようなものだと考えられているよ。磁石《じしゃく》の力って見えないし、引力も見えない。でもそういう力が働いている場が空間なんだ。だから物理学が正しいのなら、空間はほんとうになんにもない無ではない。ツチヤくんが言うことは正しいと思うな。無はほんとうに何もないのだから、空間でさえないんだよ。

君は「宇宙がはじまる前の何もない空間って何？」という疑問をもったから、この問いを出してくれたんだよね。宇宙がはじまる前って、頭では考えられるけれど、それはほんとうにないんだと思う。私には「宇宙がはじまる前の空間」って「北極の北」みたいに聞こえる。言葉では言えるけれど、北極より北なんてないよね。だって、いちばん北にある場所を北極っていうのだから。

無って、「弟が（家にいるはずなのに）いない」とか「お菓子《かし》が（あるはずなのに）ない」みたいに、「～がない」という何かを否定《ひてい》する言葉の使い方から出てきた名詞《めいし》なんだと思う。「ほんとうはあるはずなのにない」ということを、「ないものがある」と間違って言い換《か》えたものだと思うんだ。無は人間が考えた言葉上のものでしかなくて、「無がある」って言い方はおかしいと思う。だから、考えても答えは出ない。

「ない」が「ある」のは一瞬《いっしゅん》

ツチヤくんやコーノくんが言うように、無って何もないこと――「ある」ものがないことだよ

ね。それなら「ある」をどんどん消していったら、無にならないかな。たとえば白い紙に鉛筆《えんぴつ》で線を引いてみる。ここには「線がある」よね。その線を端《はし》から少しずつ消しゴムで消していくと、どうなるかな。だんだん線が短くなって、最後は小さな点になる。そして最後の最後に、その点となった後に「線がない！」という瞬間がおとずれる。でも「ない！」と言えるのはこの一瞬だけだ。なぜって、さらにその後は、『線がない』がある」のではなくて、また、ただ「白い紙がある」というだけになるから。

コーノくんが例に挙げている、「弟がいない」「お菓子がない」も同じだと思う。いままであったものや、あるはずだと思っていたものが、ないと気づいた一瞬にだけ「あ、ない！」と思う。そして、その次の瞬間にはまた、あるものだけの世界に戻ってしまう。

こんなふうに、「無」っていうのは空間ではなくて、何かがなくなったその瞬間、「ある」の終わった一瞬のことなのではないかな。だから、もし世界中のあるものがすべてなくなった状態を完全な「無」だと言うのなら、世界が終わったその瞬間だけを、「無」と呼べるのだと思う。

まとめ……世界の終わりは「ない」？

「無」って、ちょっとかっこいいよね。なんだか立派《りっぱ》なもののような気もするし、考えるとゾワって怖《こわ》くなるような気もする。

でもツチヤくんによれば「無という空間」は、じつは言葉で表せないものらしい。たしかに、いまも「無という空間」と言ったけれど、だとすると空間が「ある」ということになっちゃう。言葉で表すということは、どうやら「無」に形を与《あた》えることになってしまうようだ。

だからコーノくんは、無と空間を分けて考え、じつは空間は無に見えたとしても「何もない」のではなくて、いろいろな力が働いていると説明している。じゃあ、なんで「無」を考えてしまうかというと、それは「〜がない」という言葉を間違えて使ってしまい、「無」というものがあるって勘違《かんちが》いをしてしまったからだ。つまり無というのは、ペガサスなどと同じで人間が考えた言葉の上だけのものなんだ。

ゴードさんは二人の考えをもとに、こんなふうに考えたらどうだろう、と提案《ていあん》をしている。それは、まわりにあるものを一つずつ消していくという方法だ。たしかに、全部を消して「無だ！」って思った次の瞬間には「あ、空間があった」と思い直すのだけれど、一瞬だけは無が現《あらわ》れるんじゃないか。

でも、その一瞬ってどういう一瞬なんだろう。だってゴードさんの言う完全な無について考えるとして、「世界が終わったまさにそのとき」には、時間の流れもなくなってしまうのだろうから、「そのとき」なんて言えるものなのかなぁ？　時間の最後の最後……？？？　無について考えていたら、時間の終わりの話になっちゃったね。

地球が消滅《しょうめつ》することはある？

宇宙にも終わりはある

あるよ。地球にも宇宙にも、誕生《たんじょう》と死がある。現在の物理学の予測《よそく》では、太陽はいまから五十億年後くらいからどんどん大きくなって、水星と金星は太陽にのみ込まれてしまうらしい。太陽の膨張《ぼうちょう》は地球までは達しないかもしれないけれど、それでも大きくなった太陽はすごく熱くなり、地球には生物が棲《す》めなくなる。

もし地球が太陽にのみ込まれなかったとしても、多くの科学者によれば、宇宙全体に終わりがある。宇宙の終わりについては、すごい高温になるとか、すごい低温になるとか、小さな点にまで収縮《しゅうしゅく》してしまうといった、いろいろな意見に分かれるけれど、いずれにしても宇宙そのものがなくなるので、地球もなくなる。

これらのことは科学者の予測に過ぎないので、変わる可能性もある。でもいまって、人類が誕生してから、まだ約五〇〇万年しか経《た》っていない。五十億年って、君が死んでからはるかずっと先の話だよ。

私も子どものころ、宇宙の終わりがどうなるか心配だった。自分が死ぬことよりも心配だった。自分は死んでも、宇宙はずっとあり続けてほしかった。なぜそう思うのだろう。

消滅する理由はなんだろう

ツキヤ

自分の死よりも地球や宇宙の終わりのほうが心配だったというのは、僕も子どものころに覚えがあるなあ。もっとも僕の場合は、地球がブラックホールにのみ込まれたらどうしようって、心の底から心配していたのだけれど。

いまにして思えば、なんでそんなありえそうもないことを心配していたんだろうって感じだけれど、もしかしたら子どものころは、地球という惑星《わくせい》の消滅ではなくて、この世界が丸ごと終わってしまうかもしれないということに、なんとも言えない恐怖感を抱《いだ》いていたのかもしれない。

この問いを考えたあなたは「地球がなくなるとしたら、それはなぜなのか」ということを疑問に感じているのかな。そう問いたくなってしまう感覚もよくわかる。もしこの世のすべてがなくなるのだとしたら、そこには必ずなんらかの「理由」があるような気がしてしまうんだよね。言い換《か》えると、世界の滅亡《めつぼう》には必ず何かしらの意味があって、それは「必然」的に引き起こされるはずだっていう感覚。

でも、これはほんとうなのかな？　コーノくんが言っているように、地球も宇宙も、物理学の法則《ほうそく》にしたがってただ消滅するだけだと考えては、なぜいけないんだろう？

同じことが、この世界の誕生についても言える。世界なんて一切何も存在《そんざい》していなくてもよかったのに、なぜか世界は誕生して、存在している。ここにも「なぜ」と問うべき「理由」はあるのかな？　そんなのは全部ただの「偶然《ぐうぜん》」に過ぎないんだって考えると、どうして物足りない気持ちがするんだろう？

地球がなくなっても問いは続く

どうやら地球はいつかなくなるらしい。そこですぐに思いつくのは、ほかの星への移住《いじゅう》だ。五十億年後なら、そんなこともふつうかもしれないね。

そんな人たちは、地球を懐《なつ》かしく思い出したりするのだろうか。いまでも多くの人は、人類誕生の地であるアフリカに、それほど関心を向けていないように思える。だから、未来の人も無関心かもしれない。それとも、やっぱり「ふるさと」である地球がなくなるというニュースに心を痛《いた》めるのだろうか。だとしたら、どうしてそんな遠いふるさと(地球)が大切なのだろう?

そもそも、遠い未来の社会はどんな感じだろう? いま同じ地球上でも誰かがどこかでいつだって争っている。それなのに、いろいろな星に移住した人間たちが仲良くできるのだろうか。仲良くするにはどんな社会の仕組みが必要なのかな。いや、そもそも人間は、いまの人間と同じ姿《すがた》のままなのだろうか。

地球が消滅しちゃうとしても、その先にはいろんな問いが浮かんでくるね。

まとめ……遠い未来の話のはずが

地球って、とても大きくて、大むかしからずっとあるものだよね。そして、私たち人間はみんなその上に乗っかって生活している。それが、あるとき全部消えてなくなってしまうと考えたら、とても恐ろしい感じがする。ほんとうにそんなことが起きるのかな。

コーノくんによると、ずっと先のことではあるけれど、地球はほんとうになくなってしまうと予想されているらしい。しかも、地球だけではなくて、宇宙全体がいつかはなくなってしまうんだって。コーノくんは、自分が死ぬことよりも宇宙の終わりのほうが心配だったと言っているけれど、あなたはどう？　自分がいなくなることと、宇宙がなくなること、どちらのほうが怖《こわ》いかな。

ツチヤくんは、そんなふうに地球や宇宙がなくなってしまうことに、何か「理由」があるのかどうか考えている。何も理由なんかなくてただ消えてしまうんだと考えることもできるけれど、やっぱり何か理由があってほしいと感じてしまうのはどうしてなんだろう。そういうことって、ほかにもあるね。コーノくんが言っているように、自分が死ぬことや生まれたことも、ただそうなるだけだと考えることもできるのに、何かそこに理由や意味があってほしいと感じてしまう。

ムラセくんは、地球がなくなった後の世界はどんなふうになっているのか、想像《そうぞう》して考えているよ。五十億年も先の世界って、どんな世界かな。人類がまだいるとしたら、どんなふうに生活しているだろう。地球以外の星に棲むのって、どんな感じかな。地球の終わりなんて、想像しても仕方がないことのように感じるけれど、よく考えてみると、いまの自分や人間たちのことを理《り》解《かい》することにもつながっていそうだね。

ざしきわらしはほんとうにいる？

いると思う理由を探そう

ツキヤ

この問いを考えてくれたあなたは、いとこの中学生のお兄さんが遊びにくるたびに「ざしきわらしと戦った」話をしてもらっているんだよね。みんなにも似たような経験があるかな？　ざしきわらしって、その家に幸せをもたらす妖怪《ようかい》だって言われているんだよね。いとこのお兄さんは、ざしきわらしとしょっちゅう戦っているみたいだけれど、どうして幸せをもたらす妖怪を追い出そうとしているんだろう？　いつもどんなふうに戦っているのかな？　そもそも勝ち負けってどうやってつくんだろう？

細かい疑問はいっぱいあるけれど、いちばん気になるのは、お兄さんはどういうときにざしきわらしがいるって感じるのかということだ。いつのまにか物がなくなったり、誰もいないところで気配を感じたりするときかな？

たしかにそういう不思議なことが起こると、僕たちはすぐに「妖怪のせい」って言いたくなるかもしれない。でも、このときに大切なのは、それが「妖怪以外」の原因でも起こりうるかどうかを一つ一つチェックしてみることなんだ。物がなくなったのは、お母さんがゴミと間違えて捨てちゃったからかもしれない。気配を感じたのは、ただ単に体調がおかしかったからかもしれない。そういう可能性《かのうせい》を一つ一つチェックしてみて、原因はざしきわらし以外には考えられないということがはっきりしたら——つまり、ざしきわらし以外の可能性を考えるとどれも筋《すじ》の通った説明ができないことがはっきりしたら、そのときはじめて、ざしきわらしは存在していると真剣《しんけん》に主張《しゅちょう》できるんだ。でも、そもそもなんでざしきわらしなんだろうね？

物語として楽しもう

コーノ

面白いお兄さんだね。でも、もしこれが「強盗《ごうとう》と戦った」だったら、どうかな。そんな怖い話は、何度聞いても面白くはないよね。「クマと戦った」だとしたら、どうかな。「危険だから逃《に》げたほうがいい」って思うよね。強盗やクマはほんとうにいる。それらとお兄さんが戦うのはすごく危険で、そういう深刻《しんこく》な話をされても、君はあんまり楽しくないんじゃないかな。

でも、ざしきわらしの話は面白いし、お兄さんもどんどん次の話をしてくれる。ほんとうかどうかはわからないけれど、ワクワクするよね。だから私たちに聞かないで、そのお兄さんに「ざしきわらしってどういうもの？」ってたずねてみたら？　もっといいのは「ざしきわらしはほんとうにいるの？」なんて考えないで、お兄さんにもっと話をしてっておねだりしてみたらどうかな。そして、お兄さんの話をもとに、自分でも話を考えてみるといいよ。

一つだけ、そのお兄さんに私からのメッセージを伝えて！『遠野物語《とおのものがたり》』という本が面白いよって。ざしきわらしの話が出てくる、とっても楽しい本だよ。

ほんとうかどうかとは別の意味がある

面白いお兄さんだね。

コーノくんは「ほんとうにいるか」なんて考えないほうが、面白い話を聞けるってアドバイスしてくれた。たしかに、むかし話だって『ハリー・ポッター』だって、ほんとうに起こった物語ではないけれど、十分に楽しいし、続きが知りたくなる。面白いとか続きが知りたくなるという点だけで考えるのなら、ほんとうの話と物語にはそんなに違いがないのかもしれないね。

物語が面白い理由ってなんだろう? 一つは、その物語によって何かが表現されているからだ。ほんとうに起こったことではないけれど、ほんとうかほんとうでないかということとはもっと離《はな》れたところにある別の何か——別の真実。それが表されているから、物語は面白い。だとすると、ほんとうかどうかを知りたいという気持ちは、余計なものなのかもしれない。

だけど、同時に「でもほんとうはどうなんだろう?」と思う気持ちもよくわかる。やっぱりほんとうのことを知りたいからだ。ほんとうのことを知ってしまうと、悲しかったり、つらかったりすることもある。でもほんとうのことは、楽しいとか面白いというのとは別に、知りたくなってしまうものなんだ。こういう「ほんとうのことを求める気持ち」はとても大切なものだけれど、楽しんだりするときにはなくてもいいのかもしれないね。

まとめ……人が物語を考えるわけ

お兄さんはざしきわらしがいるって言うけれど、自分では見えないから、ほんとうにそんな妖怪がいるのかどうか知りたいというんだね。

ツチヤくんは、ほんとうにざしきわらしがいるかどうか、確《たし》かめるための考え方を教えてくれている。何か不思議なことが起きたときに、その原因になりそうなことを一つ一つチェックしてみて、ざしきわらし以外の原因がなさそうであれば、ざしきわらしはいるということになるんだって。

でもコーノくんは、そんなふうにほんとうにいるかどうか確かめなくてもいいかもしれないと言っている。どうやらお兄さんは、ほんとうに危険な目にあっているわけではなさそうだよね。それなら、もっと面白いお話をしてもらえるように、お兄さんにたくさん質問《しつもん》してみるといいかもしれない。

ムラセくんは、話に出てくることがじっさいに起きているかどうか知りたいという気持ちと、話を楽しみたいという気持ちについて、考えている。話の面白さと、話がほんとうかどうかということは、関係あるかな？

話がほんとうでなかったとしても、その話を聞くのが楽しいということは、たくさんありそうだよね。でも、全部うそだってわかってしまったら、なんだかつまらなくなってしまう気もする。これは不思議だね。ほんとうかどうか確かめたい気持ちと、わからないままにしておきたい気持ちの両方が、心のなかにあるんだね。どうしてそんな気持ちになるんだろう。それに、どうして人は、ほんとうかどうかわからないような面白い話をたくさん考えるんだろうね。

どうして人間はいるのか？

いちばん最初の人間がいる

ある人が存在するためには、その人を産んだお母さん、そのまたお母さん、そのまた……というつながりが必要だ。これは、この問いを考えてくれた君も言っていたこと。君は、そこから「いちばん最初の人間は誰《だれ》か？」「その人はどのようにして人間になったのか？」という問いをさらに出してくれた。そして「自分はどうして生まれてきて、生きているのだろう」と疑問に思っている、と。この考えの流れは、とても素晴らしいね！

もし「いちばん最初の人間」がいるのなら、その人の前に人間はいない。ということは、その人は人間からは生まれていないことになる。だから、その人は「人間から生まれたから、人間になった」わけではない。たしかに、君はどうして人間なのかと聞かれたら、人間から生まれたからだって答えたくなる。犬はどうして犬なのかと聞かれたら、犬から生まれたからって答えたくなるのと同じだ。でも、ここまでの考えの流れからすると、どうやら別の理由があるみたいだ。その理由はなんだろう？

一つは、言葉だと僕は思う。動物のなかにも言葉らしきものを使うものもいるけれど、人間のように複雑《ふくざつ》でたくさんの言葉をもっている動物はいない。言葉を使って、仲間とコミュニケーションをとるようになったから、人間になることができたんだ。つまり、あるものが人間であるためには、言葉とそれを交わす仲間が必要だってことだね。

人間は集団で進化していった

ツキヤ

ムラセくんの考えでいくと、あるとき急に言葉をしゃべれるようになったサルがいて、そのサルが「いちばん最初の人間」だってことになりそうだ。でも言葉って、そんなに急に突然変異《とつぜんへんい》のように誕生《たんじょう》したものなのかな？　僕はそうは思わない。ムラセくんも「動物のなかにも言葉らしきものを使うものもいる」って言っているけれど、僕は、人間の言葉は動物の鳴き声の延長線《えんちょうせん》上《じょう》に誕生したものなんじゃないかって思うんだ。サルだってキーキー鳴くことで、サル同士でお互《たが》いにコミュニケーションをとっているよね。それが次第に複雑になり、そのうちに複雑な鳴き声をたくさん発することができるように、のどや舌や口の形も発達していって、少しずつ人間の言葉ができていったと考えるのが自然じゃないかな。

つまり、人間の言葉は一匹の天才的なサルによって「発明」されたようなものではないと僕は考えている。したがって、最初に人間の言葉をしゃべったサルが「いちばん最初の人間」になったというようなイメージは間違《まちが》いだと思う。ムラセくんが言うように、言葉をもつことによって人間は人間になったのだとしても、サルたちが群《む》れのなかで少しずつ複雑なコミュニケーションをとれるように進化していき、それによって、みんなで次第に人間になっていったというほうが正しいイメージだ。ある特定の一人の「いちばん最初の人間」がいたわけではない、という結論が出てくるね。

「人間」の話と「君」の話は別

コーノ

この問いはどのように解釈《かいしゃく》すればいいのかな？　動物がどのようにして人類に進化したかを知りたいのかな？　きっとそうじゃないよね。この問いを考えてくれた君は「自分がどうして生まれてきて、生きているのだろう」ということを考えていた。

たしかにムラセくんが言うように、君の親の、そのまた親の……とさかのぼって考えると、サルのような祖先《そせん》から人間は生まれた。生物学ではそのように言われている。でも君がこの問いでほんとうに知りたいのは、人間が何からどのように進化したのかではなく、人間はなんのために存在しているか、ということじゃないのかな？

「どうやって生まれたか」と「なんのためにいるのか」という二つの問いは、似ているようだけど、まったく別。みんな、よくごっちゃにする。サルみたいな祖先から少しずつ人間が進化していったことは、博物館などへ行けば詳《くわ》しく説明してくれる。けれど、人間がなんのためにいるのかについては、どこの博物館へ行ってもけっして答えてはくれない。

それから君は、もう一つごっちゃにしているんじゃないのかな。どうして「人間」は存在しているのか、という問いだけれど、ほんとうに知りたいのは「君」がどうして存在しているのか、ではないのかな。人間全体の話と、君個人《こじん》の話は別。ごっちゃにして考えると、答えが出ないよ。

まとめ……自分が生まれてきた理由

この問いを考えてくれたあなたは、自分がどうして生まれてきて生きているのか、知りたいと思ったんだよね。自分が生まれたのは、お母さんとお父さんがいて、自分を産んでくれたから。お母さんとお父さんがいるのは、おじいさんとおばあさんがいて……。こんなふうにずっとさかのぼって考えて、それならいちばん最初の人間はどうやって生まれてきたのか、知りたいと思ったんだね。

ムラセくんは、はじめて言葉を使った動物がいて、それが最初の人間だと言っている。ツチヤくんは、そうだとしても、いきなり言葉を完璧《かんぺき》に使えるサルが現れるというのはおかしいから、サルたちがみんなでコミュニケーションをしているうちに、それがだんだんと複雑になり、みんなで言葉を話せるようになったのではないかと考えている。それが人間のはじまりだというんだね。

とてもいい考えだと思うけれど、コーノくんは、こんなふうに考えていってもほんとうに知りたいことはわからないままだと言っているよ。いま考えている問題は、「人間が何からどうやって進化してきたか」だけど、それは「人間はなんのためにいるのか」とは違う問題なんだね。それに「私は何のためにいるのか」というのは、もっと違う問題なんだ。

それなら、ほんとうに知りたい「私は、なぜ、なんのために生まれてきて、生きているのか」という問いの答えは、どうしたら見つかるんだろう。これは考えるのがとても難しい問題だね。自分が生まれてきた理由は、ほかの誰かが生まれてきた理由とは違うのだろうから、この問いの答えは、自分自身で見つけないといけないみたいだ。まずは、どうすればこの問いの答えを探せるか、慎重《しんちょう》に考えてみて。

夢と現実の境界線《きょうかいせん》は？

夢は現実で記《き》憶《おく》したこと

赤ちゃんのときから眠《ねむ》りっぱなしで、大きくなっても、ずっと夢を見続けている人っているのかな。もしいたとしても、そういう人の夢って内容が乏《とぼ》しそうだよね。だって、まだ何も見ていないし、何も経験《けいけん》していないから。夢の中身も少なそう。

夢って、目が覚めているときに経験したことが材料になっていて、それをめちゃくちゃにかき混《ま》ぜてできているよね。だから夢って、一種の記憶じゃないのかな。記憶したことが入り交じって、自分で思い出しているという自覚なしに思い出しているんだ。

夢は記憶だから、夢のなかでどんなに怖《こわ》がっていても、どんなに喜んでいても、その怖さや喜びの気持ちそのものはほんとうでも、見ている夢の内容はほんものじゃない。現実とは全然違う。

ぼんやりとしているし、ありえないことが起こったり、いっしょにいるはずのない人がいっしょにいる。だから、夢を「見る」とか言うけれど、ほんとうは目で何かを見ているわけじゃない。何かを思い出して、見たつもりになっているだけ。

私はじつは夢を見ていても、ほとんどいつも、「これって夢だな」って途中《とちゅう》で気づいちゃう。だって夢は矛盾《むじゅん》しているから、おかしいと思って起きちゃうんだ。

目覚めたときに夢となる

たしかにコーノくんが言うように、最初から夢を見ている人はいないのかもしれないね。もし最初から夢を見ているのだとしたら、夢を見るための材料が足りなそうだ。

だけど、僕がいま、ほんとうは寝ていて、夢を見ているだけってことはありそうな気がするな。

僕自身はいま、この文章を書いていて、もちろん「これは絶対に夢じゃない！」と思っているよ。でも、それって夢のなかでも同じかもしれない。僕が見たことのある夢は、内容がヘンテコで矛盾していることが多いけれど、途中で夢だと気づかないこともよくある。それに矛盾が特になくて、現実に起こってもおかしくない夢だって見たことがある気もする。だとしたら、夢と現実の境界線って、じつは夢の中身としてはないんじゃないかな。

ん？　じゃあ、僕たちはどうやって区別しているのかって？

もし夢の中身では現実と区別がつかないのなら、結局、夢と現実の境界線って、それから覚めるかどうかってことだけじゃないかと思うんだ。だから、いま見ているこの景色や聞いている音は、ほんとうは夢とも現実ともいまは言えなくて、目覚めてはじめて夢になるんじゃないかな。

すべてが夢という可能性

『マトリックス』という映画を知っているかな？　この映画では、主人公は生まれたときからずっとコンピュータにつながれ、夢を見させられていて、一度も現実の世界で目覚めたことがない。主人公が現実だと思っている世界は、コンピュータが主人公の脳に電気信号を送ることによってつくり上げている仮想《かそう》現実の世界で、いわば主人公の人生の全部が夢のなかの出来事なんだ。

コーノくんは、赤ちゃんのときからずっと夢を見続けている人は「何も経験していないから」

夢の内容が乏しそうだと言っているけれど、もしこの映画のように、脳に直接電気信号を送ることで、その人に様々な仮想的な体験をさせることができるとしたら、その人はとても内容の豊《ゆた》かな夢の世界に生きることができると僕は思う。

さて、そうすると僕たちが生きているこの世界も、もしかしたらコンピュータによってつくられた夢の世界かもしれないよね。夜に眠って夢を見て、朝になって目が覚めて、学校へ行って帰ってきて、また寝て夢を見て……という自分の人生の全体が、最初から最後まで全部夢である可能性があるんだ。そんなことはありえないってどうして言える？　だとしたら、夢と現実の境界線っていったいなんだろう？

ちなみに僕は以前、夢のなかで「これは夢かも」って思ったときに、夢かどうかを見破《みやぶ》るためにいろいろとチェックをしてみたことがある。矛盾があるかどうか、内容が夢っぽいかどうか、ほっぺたをつねっても痛《いた》くないかどうか——様々な角度からチェックして、最終的に「これは現実だ！」って結論《けつろん》を下したんだけど、結局それは「そういう夢」だったんだ。だから僕は、いま現実だと確信《かくしん》しているこれも、結局のところは全部が「そういう夢」だった、と後で気づくことはやっぱりありうる、と思っているよ。

まとめ……夢と現実の見分け方はある？

夢って、なんだかとっても不思議。夢を見る夜もあれば、見ない夜もある。ありえないことが次々に起きる夢もあるし、ふだんの生活とまったく変わらない夢もある。楽しい夢も、怖い夢もある。夢っていったいなんなのだろう。

コーノくんは、夢というのは、起きているときに経験したことの記憶を寝ているときに勝手に思い出したものだと考えている。自分で思い出そうとして思い出しているのではないから、変な組み合わせや順番で、場所や人が出てくるんだね。でも、どうしてこんなふうに寝ている間に勝手に記憶が出てくるんだろう。科学者の人たちも、これについてはいろいろ調べているみたいだよ。

ムラセくんは、とても現実的な夢とほんとうの現実は、どうやって区別できるのかという問題について考えている。夢で見たり感じたりすることと、現実で見たり感じたりすることは、中身では区別できないから、その区別は「目が覚めるかどうか」ということしかないと言っているよ。

でもツチヤくんは、それでも区別ができなくて、「現実」だと思って生きてきた人生すべてが夢なのかもしれないと考えている。そんなことってあるかな？　でも、たしかに寝不足のときには「夢から覚めて起き上がったという夢」を見ることがある。だからほんとうに夢から覚めたのか、それとも夢から覚めたという夢を見たのか、区別するのは難しそう。

これは現実であって絶対に夢ではない、と確《たし》かめられる、いい方法はあるかな？　もしそんな方法がわかったなら、ぜひ私たちに教えてほしいな。

人はなぜ男女の二種類に分かれている？

子孫を残すため

コーノ

生物の世界には、オスとメスの区別のある生き物と、ない生き物がある。たとえばイソギンチャクみたいに自分だけで分裂《ぶんれつ》して増《ふ》える種をもった生き物もいる。この場合、自分とよく似《に》た個《こ》体《たい》が増えることになる。これに対して、オスとメスが結ばれて子どもを増やしていく生き物もいる。

どうしてオスとメスの区別ができたか――兄弟姉妹のことを考えてごらん。兄弟姉妹は、お母さんとお父さんが結びついて生まれた。兄弟姉妹は似ている部分もあるけれど、違うところもかなりある。兄はやせていて寒がりだけど、弟は太り気味で寒いのはへっちゃら、とか。子どもにこうした違いがあることは、生物にとっていいことなんだ。だって、兄弟みんなが寒がりなのに、寒いところへ引《ひ》っ越《こ》すことになったら、誰《だれ》も外に出られなくなって全滅《ぜんめつ》しちゃう。

オスとメスに分かれていれば、その二つの生き物のつながりからいろいろと異《こと》なった子どもが生まれるようになる。これは、イソギンチャクみたいに自己《じこ》分裂して似たような個体ばかりが増えるより、生き物が生き残っていく上でいいことなんだ。

むかしは役割《やくわり》やふるまい方で分けていた

そもそも、生物のオス／メスと、人間の男性／女性って同じだろうか？　「女性」は「子どもを産む」というような生物としての特徴《とくちょう》だけを表す言葉じゃないよね。むしろ「女性」という言葉から連想するのは、「スカートをはく」「化粧《けしょう》をする」「料理をする」「育児をする」というようなことかもしれない。でも、これらはよく考えると、生物としての特徴とは全然関係がない。だから人間の「男女」は、生物としての違いよりも、むしろ社会のなかでの役割やふるまい方の違いによって区別されているんじゃないかな。
だとすると、人間が「男女の二種類」にきれいに分類できるというのは、そもそもほんとうな

のかな？　だって現代では、むかしながらの「男性だけ」「女性だけ」の役割やふるまい方は、どんどん失われてきているもの。

たとえば最近では、お母さんがビジネスの最前線でバリバリ働いて家計を支えて、お父さんが「専業主夫《せんぎょうしゅふ》」として育児や家事を担当しているという家庭も珍《めずら》しくない。駅や工事現場で働く女の人は、仕事中はスカートなんてはかないし、料理が大好きで、得意料理の写真を毎日インターネットで公開している男の人もいる。男女による役割や行動の違いがあまりなくなってしまった現代では、そもそも人間を「男女」で分けて考えること自体にあまり意味はないかもしれない。

二種類なのはたまたま

コーノくんの意見から考えると、ほんとうは三つ目や四つ目の性別があってもよかったのかもしれないね。もしかすると、そっちのほうが全滅しないかもしれない。二種類のほうが生き残る効率《こうりつ》がよかったとしても、結局は全滅しないために「たまたま」いまのパターンになったんだ。ツチヤくんの意見からも、むかしは社会の都合で性別に関する役割の違いを二つに分けていただ

けで、やっぱり「たまたま」っぽい。

「たまたま」ということは、いまとは違う可能性《かのうせい》があるってことだよね。じつは、はるかむかしから変えられないもののように思えることが、最近の流行《はや》りであることってけっこう多い。たとえば、むかしから同性同士の恋愛《れんあい》はあったけれど、最近は男女の恋愛が流行っているから同性同士の恋愛は変に思われてしまう。そもそも恋愛だって、一〇〇〇年前ならイメージするものがだいぶ違うだろう。これも性別の話に関係しているね。

子どもが学校へ行くようになったのはだいぶ最近のことだし、学校で教えている科目だって、じつはいろいろと変わっている。でも僕たちは、いま「たまたま」そうなっていることが、ずっと前から変わっていなくて、これからもずっと変わらないと思い込んでしまうんだ。

もしかすると、いまあるほとんどのことが、「たまたま」の流行りなのかもしれない。そう考えるとなんだか自由な感じがして、僕は楽しい気分になるんだ。みんなもいまとは違う可能性をいろいろ想像してみると面白いよ。

まとめ……性は二種類だけじゃない

人ってみんな似ているところもあるし、一人一人違うところもあるけれど、いくつかのグループに分けて考えることがある。大人と子ども、日本人と中国人と韓国《かんこく》人と……とか。「男と女」というのも、よく使われている人の分け方の一つだね。これってどうしてできたんだろう。

コーノくんは、いくつかの生物にオスとメスの区別ができた理由を教えてくれている。親とそっくりの子どもばかりだと、環境《かんきょう》が変わったときに全滅してしまう可能性があるから、いろいろな子どもが生まれてくるように、オスとメスが結ばれて子どもを増やすように生物が進化したんだね。人間の身体にもオスとメスの区別があるのは、こういうわけなんだ。

でもツチヤくんは、「オスとメス」の区別とは違う、人間独特《どくとく》の「男性と女性」の区別があると言っている。人間の「男女」は、社会のなかでの役割やふるまい方の違いで区別されているというんだね。そしてその区別は、ほんとうは「男女の二種類」ではないはずだと言っているよ。

ムラセくんは、男女の区別は「たまたま」二つに分かれただけで、三つでも四つでもよかったはずだと考えている。でも人には、そういうたまたま起きたことを、必ず起きることでずっと変わらないことだと勘違《かんちが》いしてしまうところがある。だから人間の性も、男女の二つだけだと思い込んでしまうんだね。

ツチヤくんも言うように、人間の性は、じっさいには男女の二つだけではないよ。ほかにどんな性があるのか、調べてみよう。それにムラセくんが言うように、性がいくつもある世のなかのことを考えてみるのは楽しいよ。そう考えると、あなたの性はどんな性だと思う?

心はどこにある？

宇宙中《うちゅうじゅう》に広がっている

心って不思議だよね。なんとなく心臓《しんぞう》や脳《のう》のあたりにある気もするけれど、おなかが空《す》けばおなかのあたりにある気もする。何かを考えているときは、まったく別のところにいってしまっているようにも思える。ラジオで外国の話をしていれば、自分がそこへ行っているように感じるし、大切な時間を思い出すときは、まるで自分が過去《かこ》の世界に行ったようにも思える。君もこんなふうに感じたことはないかな？　もしこの感じが正しいとすると、心は自由にどこへでも行けるということになる。

試しに目をつぶって月について考えてみよう。ほんものの、あの月のことだ。そのとき、じっさいに月の上に降《お》り立つわけではないけれど、心のなかのあの月には行くことができる。ということは、ほんものの月も心のなかにあるってことだ。変な感じがするかもしれないけれど、さっきも言ったように、僕たちが考えているのは、ほんもののあの月なんだ。ほんもののあの月は一つしかないのだから、それについて考えられるのなら、月も心のなかにあるということになる。だとすると、心は世界中――いや、宇宙中に広がっているということになるね！　だって宇宙中のことを考えることができるし、どこへでも行ける！

というわけで、僕の答えは、心は宇宙中に広がって存在している、だ。

心は存在しない

心というものが、ほんとうにあるのかな？　机《つくえ》やマンションみたいなものと同じ意味で、心って存在するのかな。この問いを考えてくれた君は、悲しいときには「胸《むね》」が痛《いた》んだり、怒《おこ》っているときには「腹《はら》」が立ったりする、と言っていた。たしかにそうだけれど、それは心というものが胸にあって痛んだり、腹にあって熱くなったりするんじゃない。胸や腹に、ただそういう身体の状態《じょうたい》が生じただけ。そういう感覚を感じるのが心だって言う人もいるけれど、それは「心が何

かを感じる」という言葉の表現《ひょうげん》の仕方をそのまま信じて、言葉通りに「心」というものがあると思い込んでいるだけじゃないかな。感覚が身体のどこかに生じただけであって、それはたとえば目の前にある自動車の色が赤いのと、同じじゃないのかな。

「考える」ということもそう。ほんとうは、外から聞こえない独《ひと》り言を言っているだけ。独り言を言うのは、心というものではない。声を出して話をしている人を見て、「あの人の心が話している」と言わないのといっしょだ。その人が話をしただけ。だから、心というものはない。「心」と呼《よ》ばれている身体の状態やふるまいがあるだけだよ。存在しているのは、人間の身体と行動だけだ。その一部を「心」と呼んでいるだけだと思うね。

心は脳にある

ツチヤ

コーノくんは、「考える」「胸が痛む」「腹が立つ」に共通する「心」なんてものはないと言っている。たしかに、そう言われるとそんな気もしてくるけれど、では、この三つに共通するものは何もないんだろうか？

たとえば、これらはすべて「睡眠中《すいみんちゅう》には起こらない」という点では共通している。眠《ねむ》りながら考えたり、腹を立てたりすることは（夢の場合を除《のぞ》けば）ないものね。だとしたら、これら三つはすべて、睡眠となんらかの関係がありそうだ。

では、睡眠とはなんだろう？　それは、起きているときとは異《こと》なったパターンの脳波《のうは》が出ているってことだ。

このことから、心は脳の状態と強く結びついていると言えないだろうか。だって、少なくとも「考える」「胸が痛む」「腹が立つ」という現象《げんしょう》が、脳の影響《えいきょう》を受けて生じているのは間違いなさそうだもの。だとしたら、頭ではなく胸や腹で感じる感情《かんじょう》も、薬や電気信号で「脳」に刺激《しげき》を与《あた》えれば人工的につくり出せるのかもしれない。そうすると、感情も思考も、結局は脳に支配されていると言えそうだ。心はやっぱり脳にあるんじゃないかな。

「心は脳にある」なんて、なんだかものすごく常識的《じょうしきてき》な結論《けつろん》に思えるかもしれない。でも、常識をなんとなく信じるのと、常識をいったん疑って、よく考えた末に常識に戻るのとでは、全然違う。ムラセくんとコーノくんの意見は、心についての考え方としては全然常識的じゃなかった。けれど、僕は二人の「非常識」な意見を大真面目《おおまじめ》に検討《けんとう》して一生懸命《いっしょうけんめい》考えた結果、気づいたらいつのまにか常識的な結論にたどり着いていたんだ。哲学するってこういう感じなんだ！

まとめ……心ってなんだろう

「心」って、自分のなかの、何かを感じたり思ったりする部分のことだね。感じたり思ったりするのは自分だから、自分の身体のなかのどこかに「心」というものが入っていそうな気がする。でも、心が動くときには、身体中のいろいろなところが反応《はんのう》するし、心だけを身体のなかから取り出してくることはできない。だから、心ってどこにあるのか、よくわからなくなってしまう。

ムラセくんは、心は、遠くにも近くにも、未来にも過去にも、宇宙のありとあらゆるところにいくことができるから、心は宇宙全体に広がっているはずだと言っている。びっくりするような考えだけど、たしかに心にはそういう特徴《とくちょう》があるね。でもそれなら、心に思い浮かべたことが間違っていたり、覚え違いをしてしまうことがあるのはなぜなんだろう。心が宇宙中に広がっていてすべてを見渡《みわた》すことができるのなら、何も間違えたりしないんじゃないかな。

コーノくんは、心というものがあるのではなくて、ただいろいろな身体の状態やふるまいを「心」と呼んでいるだけだと言っているよ。でもツチヤくんは、「心」の働きと呼ばれているものには共通点があって、それは脳の働きと関係している、と言っている。たしかに脳の働きが変化すると、心にも影響がありそうだね。でも、脳と心は「強く結びついている」というけれど、それはどんな関係なんだろう。

三人の考えに共通しているのは、「心」というのは、目や胃とか、ペンや机のような、世界にある「もの」の名前ではないということだね。だから、心のある「場所」も探すことができないんだ。でも、ものではない心と世界のものとの関係や、ものでない心とものである身体（特に脳）との関係は、まだまだよくわからないなあ。

人はどうやって言葉を話すようになったの？

合図の仕方が発展《はってん》した

この問いは、「言葉」というものをどう定義《ていぎ》するかによって、回答《かいとう》が異《こと》なってくるね。自然の豊《ゆた》かなところへ行ってよく観察するとわかるけれど、いろいろな生き物たちがお互《たが》いにいろいろな方法で合図しながら生きている。鳥は鳴き声で仲間を呼んだり、危険を知らせるなど警告《けいこく》したりする。ミツバチは独特《どくとく》な踊《おど》りのようなことをして、仲間にエサの場所を教える。アリは匂《にお》いで自分の巣とそうでないものとを区別する。

集団で生きる生き物は、危険やエサのありかを教えたり、異性《いせい》を求めたり、敵を脅《おど》したりするために、なんらかの形で連絡を取り合って生きている。信号をやりとりしているんだ。哺乳類《ほにゅうるい》になると行動も複雑《ふくざつ》になるので、伝える内容も複雑になってくる。

こうした合図を言葉と呼ぶなら、それは、人類が登場するはるか前からあったと言える。人間の言葉は、その合図の仕方を発展させたものだよ。だから、動物が人間に進化していく過程《かてい》で、仲間に対する合図として少しずつできていったのが言葉だと思うんだ。

複雑な表現《ひょうげん》ができるように

たしかに、言葉の基本には合図がありそうだね。プリントが手元にないときに「先生、プリント！」と言ったりすることも合図と言えそうだ。でも、人間の言葉はもう少し複雑で、コーノくんが言うように、合図からはじまって発展したものである気もする。合図に何が足されると、言葉になるんだろう？

まずは、組み合わせられるということが重要そうだ。「プリント！」だけだと合図っぽいけれど、「プリントと鉛筆をもってきて」や「色鉛筆か赤のボールペンをもってきて」のように組み合わせると、ちょっと発展した感じがして、人間の言葉っぽい。

ほかにも、状況によって行動を変えるような場合、たとえば「危ないとき右に逃《に》げて、そうでないときは左へ」などは、合図というよりは言葉って感じだ。鳥や昆虫たちはこんなふうに場合を分けて考えたりはしていない。そう考えると言葉って、目の前にあるものだけでなく、じっさいにはないものや状況を表すことができるんだね。「傘《かさ》、忘れた！」のように、目の前に傘がないということを表すことができる。ほかにも、じっさいは晴《は》れたけれど「雨だったら運動会は中止だった」などと言える。こういう複雑な表現が発明され、合図に足されて、人間の言葉になったんじゃないかな。

言葉と考えはどちらが先？

たしかに、人間の言葉はほかの生き物の合図と似《に》ていて、しかももっと複雑な感じがする。合図が組み合わさって、だんだん発展していったという二人の意見は、なるほどと思ったよ。

それにしても、どうして人間の合図だけが、そんなふうに組み合わされていったんだろう。人間だけが、ほかの生き物より複雑に考えることができたからかな。場合を分けたり、いま起きていないことを考えることができたから、それを表せるように、言葉が発達していったのかな。でも、言葉の組み合わせ方を知らなかったら、そんな複雑なことは、そもそも考えられないような気がする。言葉と考えって、どちらが先に発達したんだろう？

　これって自分が言葉を覚えたときのことを想像してみても、不思議に思うんだ。「車」や「犬」などのものの名前は、ものを先に見て、後から名前を覚えたような感じもする。でも「切ない」や「寂《さび》しい」といった、気持ちの名前はどうかな。切ないという言葉を覚える前に、切ない気持ちを、悲しみや寂しさと区別して感じられたと思う？　なんだか難しいような気がする。ましてや大むかしは、「切ない」という言葉そのものがなかったんだよね。切ないという言葉がなかったころに、切ない気持ちを感じていた人間なんて、いるのかな？

まとめ……言葉はどうしてあるんだろう

三人の対話は、コーノくんとムラセくんの考えが直接つながっていて、その二人の考えに、ゴードさんがやや別の角度から分析《ぶんせき》を付け加えている感じだ。

　コーノくんとムラセくんは「人はどうやって言葉を話すようになったの？」という問いに正面

から答えようとしている。コーノくんによれば、人の言葉は、昆虫や動物がお互いに交わし合っている「合図の仕方を発展させたもの」だ。たしかに人間以外の生き物も、自然界を生き延《の》びるために、それぞれ独自《どくじ》のやり方でコミュニケーションをとり合っている。だから「言葉」を「コミュニケーションのための道具」と定義すれば、動物もじつは言葉をもっていて、伝える内容が複雑になるにつれて、次第に人の言葉になっていったということになる。

これに対してムラセくんは、「動物の合図」と「人の言葉」の違いに注目することで、人の言葉がどうやって生まれたのかを説明しようとしている。ムラセくんによれば、人の言葉はいくつかの信号を「組み合わせる」ことができたり、「じっさいにはないものや状況」を表すことができる。これは動物の合図にはない特徴《とくちょう》だ。こういう複雑な表現が発明されたことで「人の言葉」は誕生《たんじょう》した、とムラセくんは言っている。けれど、結局それはどうやって発明されたんだろう？

この問題を考えるためにゴードさんは、「言葉」と「考え」はどちらが先に発達したのかを考えている。人間がほかの生き物ともっとも違う点は「考える」ことができるところだと言う人もいるけれど、そもそも何かを考えるためには、言葉がないとダメな気もする。でも、その言葉が動物の合図を発展させたものだとすると……あれ？　ええっと、頭がこんがらがってきたぞ！

病気にかかるのはなぜ？

偶然《ぐうぜん》に起こること

病気にはいろいろな種類があって、その原因もいろいろだ。たとえば、風邪《かぜ》はウイルスという物質《ぶっしつ》が身体に入って起こる。風邪を防《ふせ》ぐ方法はいろいろあるし、お医者さんに行けば薬をくれる。でも、この問いを考えてくれた君が聞きたいのは、病気が生じる原因じゃない。「自分につらいことや嫌《いや》なことがあるとき、さらに自分をいじめるような病気になるのはなぜか」ということだ。

でも考えてみて。世のなかにはいじわるな人がいて、人が困《こま》っているのを知っていてわざと嫌なことをする人もいる。そういう人には「いじわるをやめてよ」と言いたくなる。けれどウイルスは、君が困っているのを知るはずがない。ウイルスは単純《たんじゅん》な構造《こうぞう》をしていて、何かを知る能力《のうりょく》なんてもっていない。ウイルスは動物じゃないから、いじわるな気持ちをもてない。だから、台風や雷《かみなり》、地震、隕石《いんせき》の落下といった自然現象に対して「なぜ悪いことをするの？」って聞いても意味がないのと同じなんだ。それは、人の気持ちとは無関係に、偶然に起きるんだ。

いつかは必ず起こる必然

たしかにコーノくんが言うように「偶然」というのもわかるな。原因もわからず、重い病気にかかったりすることもある。それは運の問題かもしれない。

ただ、病気には偶然や運とは違《ちが》う部分もあると思う。いままで一度も病気にかかったことのない人って、僕は会ったことがないし、君も会ったことないんじゃないかな？　それに、若いときに病気になったことがなかったとしても、年をとれば病気になりやすくなる。ということは、ちょっと極端《きょくたん》に言えば、いまは健康でも、病気はいつか必ずかかるものってことになりそうだ。

どんな人でも死が避《さ》けられないように、病気にかかることもじつは避けられないことなんだ。だとすると、病気にかかるのは、ある意味では必ず起こること——「必然」だと言ってもいいのかもしれない。これは、嫌なことや困りごとは生きていると必ず起きてしまう、ということでもある。

この必然自体にもほんとうは目的や理由があるのかな？　それとも、単に世界がそうできてしまっているだけかな？　僕は、目的や理由はなくて、単に世界がそうできているだけのような気がするな。こんなふうに世界ができているって、ちょっと悲しいね。

回復《かいふく》の喜びを感じるため

コーノくんの意見とムラセくんの意見は、病気にかかるのは「偶然」か「必然」かで一見食い違っているように見えるけれど、僕には二人とも正しいことを言っているように思える。二人の意見を合わせて考えるなら、病気や自然災害《さいがい》でつらい思いをすることは、究極的にはなんの理由もない（単にそういうことが起こっただけで、「なぜ？」の問いには答えられない）という意味で「偶然」なのだけれど、そういうつらい偶然はすべての人に平等にふりかかるという意味では「必然」なんだ。だとすると、ムラセくんが言うように、そもそもなんでこの世にはつらい偶然が存在するのか、という問いが残る。病気なんて一切存在しない世界があってもいいのに！

でもつらいことが何もなかったら、僕たちはどうやって喜びや幸せを感じるのだろう？　つらいことが何もない状態《じょうたい》は、たしかに安楽ではあるかもしれないけれど、刺激《しげき》もなく退屈《たいくつ》で、幸せとは感じられないかもしれない。苦しみやつらさを克服《こくふく》したときに喜びや幸せを感じられるのだとしたら、病気があるからこそ回復の喜びを味わうことができる、とも言えるんじゃないかな？　そう考えると、ひょっとしたら神様は、僕たちに喜びや幸せを味わってほしいがために、あえてつらいことをこの世に残したのかもしれない。

まとめ……納得《なっとく》できないものを抱《かか》えて生きる

病気にかかるのはとてもつらい。だから、病気になると「どうしてこんな目にあわなきゃいけないの」と思ってしまう。でもコーノくんは、そういう「どうして」には理由はないと言っているね。病気だけでなく、事故《じこ》や自然災害にあってしまうことにも、理由はない。誰《だれ》も悪くないのに、たまたま、誰かがひどい目にあってしまうことがあるんだ。

ムラセくんは、そういう「たまたまひどい目にあう」ということは、生きていると必ず起きてしまうと言っている。どんなに毎日注意深く生きていても、たまたま起きる嫌なことに、まったくあわずに生きていける人はいない。世界はそういうふうにできているんだね。

ムラセくんとツチヤくんは、どうして世界はそんなふうに、人々がつらい目にあわなければならないようにできているのかを考えている。ムラセくんは、それには目的も理由もないと言っている。ツチヤくんは、喜びや幸せを感じるために、つらさや苦しみが必要だからではないかと考えている。どちらが正しいのかな。どちらが正しかったとしても、やっぱり、納得がいかない感じがする。なんの理由もないとわかっていても、あるいは、悲しみがなければ喜びもないんだと思ってみても、やっぱり、病気で苦しい思いをしたり、大地震でたくさんの人が亡《な》くなったりするのを見ると「こんなのひどいよ、どうして」と思ってしまう。

世のなかにはこんなふうに、いくら考えても納得のいかないことがある。そういうときは、うそでもいいから答えがほしくなるけれど、うその答えで満足してはいけない。とてもつらいけれど、納得いかない気持ちを抱えたまま、その気持ちとつきあいながら生きていかなければならないこともあるんだ。

人は死ぬとどうなるの？

心はどこへゆくのか

コーノ

君は誰かのお葬式《そうしき》に行ったことがあるかな。日本では人が亡《な》くなると「火葬《かそう》」といって、身体を燃やしてから壺《つぼ》に入れ、お墓《はか》にしまっておくことが多いんだ。ほかの地域《ちいき》では「土葬《どそう》」といって、死体を土に埋《う》めるところもある。すると、死体は何ヶ月かすると分解《ぶんかい》されて、土になってしまう。だから死ぬと、身体は灰《はい》になるか土になるか、どちらにしても自然の一部に戻ってしまう。このことを認《みと》めない人はいない。

でも心はどうだろう。心も身体の働きの一つだから、死んでしまうと身体といっしょに心もなくなると考える人がいる。いや、そうではなくて、身体がなくなっても、心や魂《たましい》は別の世界で生きつづけていると考える人もいる。心は不死だというんだ。また、人は死んでも、ほかの人の記憶のなかで生き続けると考える人もいる。
君はどう考えるかな。私は二番目は信じられないんだ。身体がなくなったら、そもそも自分じゃない。そんな魂だけの自分なんて、生きていても仕方ないと思うんだ。

生きている人と死者との出会い

死んでしまったらどうなるのか、亡くなった人とは話ができないから、わからないよね。でも案外、生きている人には亡くなった人とのおつきあいがたくさんある。たとえば、お墓参りをしたり、お花や線香《せんこう》をあげたりするよね。もし、死ぬと完全にいなくなってしまうのなら、誰もそんなことをしないのではないかな。

私のおじいちゃんは、私が小学三年生のときに突然《とつぜん》死んでしまったのだけれど、その後も困《こま》ったことがあったときには、おじいちゃんの家やお仏壇《ぶつだん》の前で、あるいは空を見上げて、よくおじいちゃんに相談をしたよ。一度も応《こた》えてはくれなかったけれど、そうやって相談すると、一人では思いつかないようないい考えにたどり着けたんだ。

お参りをしたり、相談事をしたりするときに出会う死者は、ただの自分の記憶や想像なのかな。私にはそうは思えない。そういうとき、何か自分とはまったく違うものと向き合っていると感じるから。でも、それは生きていた人の身体から抜け出した心や魂というわけでもないと思うんだ。では、なんなのだろう。

人の頭のなかで生きつづける

ツキヤ

ゴードさんの言っている感じはとてもよくわかるけれど、それって死んだ人だけのことなのかな？　たとえば、遠くに引っ越しをしてもう会えない友だちに心のなかで相談するときも、それは自分が都合よくつくり出した単なる「想像上の人物」と話をしているだけ、という感じはしないと思う。目の前にいない人のことを思い浮かべるのは、その人が生きているか死んでいるかにかかわらず、その人を自分とは違う考え方や感じ方をする「他者」として頭のなかに呼び出すってことじゃないかな。だから僕たちは、目の前にいない相手とも真剣に相談できるし、その結果として、ゴードさんも言っているように、自分だけでは思いつかないようないい考えにたどり着くことができるんだ。

コーノくんの言っている「人は死んでもほかの人の記憶のなかで生き続ける」ということは、ほんとうはこういうことを言おうとしていたんだと思う。だとしたら、「人は死ぬとどうなるの?」という問いは、死んだ本人にとっては重大問題だろうけれど、生きている僕たちにとっては、あまり重要ではないのかもしれないね。死んだ人は、僕たちの頭のなかで、生きている人とまったく同じあり方で「生き続けて」いるのだから。

まとめ……死を考えると日常の見え方も変わる

人は死ぬとどうなるんだろう? この問いは、むかしから多くの人たちの心をつかんで離《はな》さなかった。何しろいま生きている人のなかには、死んだことのある人はいない。死は、誰も体験したことがないんだ!

ゴードさんとツチヤくんは、だから、「生きている人たちが亡くなった人とどのように関わり合っているのか」について話をしている。生きている人たちから見て、亡くなった人たちはどのように見えるのか、を問題にしているんだ。ゴードさんは、亡くなった人に相談することがあるという例を挙げている。ツチヤくんは、その点では遠くに行ってもう会えない友だちと亡くなった人は似ていると言っているね。

でも、最初にコーノくんが言っている、身体は自然の一部に戻ってしまう、というのはどうなるんだろう。いくら心のなかで相談するといっても、やっぱり身体や心、魂のようなその人に関わる部分があるかないかは重要な違いじゃないのかな？　だって、両方ないのならじっさいは会えないよ。

たしかに、心のなかにその人はいる。だけど、それはあくまで記憶であり、残念だけれどその人自身じゃないし、本物ではない。そういうのを「生きつづける」と言っていいのかなぁ……？それとも他人というのは、生きているときから僕たちの心のなかにいるだけで、じつは生きていても亡くなっていても、自分から見ればあまり変わりがない――そういうことなのかな。でも、それってすごく変な考えだね！　こう考えるとまわりを見る目も変わってきそうだね。

死について考えていたら、いつもの生活の見え方が変わってくる。これも哲学の面白いところだね。

本書は「毎日小学生新聞」（毎日新聞社）にて連載中の
『てつがくカフェ』（２０１４年４月５日～２０１５年５月23日）に
加筆修正を施し、再構成したものです。

著者経歴

河野哲也　こうの　てつや

慶應義塾大学大学院文学研究科博士課程修了。専門は哲学・倫理学・教育哲学。現在、立教大学文学部教育学科教授。NPO法人「こども哲学　おとな哲学　アーダコーダ」（副代表理事）などの活動を通して哲学の自由さ、面白さを広めている。著書に『道徳を問いなおす　リベラリズムと教育のゆくえ』、『「こども哲学」で対話力と思考力を育てる』、共訳書にシャロン・ケイ&ポール・トムソン著『中学生からの対話する哲学教室』、マシュー・リップマン著『探求の共同体　考えるための教室』、マシュー・リップマンほか著『子どものための哲学授業　「学びの場」のつくりかた』ほか。

土屋陽介　つちや　ようすけ

千葉大学大学院社会文化科学研究科博士課程満期退学。博士（教育学）（立教大学）。専門は子どもの哲学・哲学教育・現代哲学。現在、開智国際大学教育学部教育学科准教授。著書に『僕らの世界を作りかえる哲学の授業』、共著書に『中学道徳ラクイチ授業プラン』、『まいにち哲学カレンダー』、共訳書にシャロン・ケイ&ポール・トムソン著『中学生からの対話する哲学教室』、マシュー・リップマン著『探求の共同体　考えるための教室』ほか。

村瀬智之　むらせ　ともゆき

千葉大学大学院人文社会科学研究科修了。博士（文学）。専門は現代哲学・哲学教育。現在、東京工業高等専門学校一般教育科准教授。監訳書にデイビッド・ホワイト著『教えて！哲学者たち―子どもとつくる哲学の教室』、分担執筆に『「公共の扉」をひらく授業事例集』など。

神戸和佳子　ごうど　わかこ

東京大学大学院教育学研究科博士課程満期退学。専門は哲学教育。現在、北陸大学経済経営学部講師。中学校・高等学校等での対話的な哲学の授業のほか、哲学カフェ、哲学相談などの実践・研究も行っている。共著書に『中学道徳ラクイチ授業プラン』、共訳書にM・グレゴリーほか編『子どものための哲学教育ハンドブック　世界で広がる探究学習』ほか。

子《こ》どもの哲学《てつがく》
考《かんが》えることをはじめた君《きみ》へ

第1刷
2015年12月20日

第7刷
2021年 7 月10日

著者
河野哲也《こうのてつや》　土屋陽介《つちやようすけ》　村瀬智之《むらせともゆき》　神戸和佳子《ごうどわかこ》

発行人　小島明日奈
発行所　毎日新聞出版
〒102-0074
東京都千代田区九段南1-6-17 千代田会館5階
営業本部　03-6265-6941
図書第一編集部　03-6265-6745
印刷・製本　図書印刷

落丁・乱丁本はお取り替えいたします。
本書を代行業者などの第三者に依頼してデジタル化することは、
たとえ個人や家庭内の利用でも著作権法違反です。
©Kono Tetsuya, Tsuchiya Yosuke, Murase Tomoyuki,
Godo Wakako 2015, Printed in Japan
ISBN978-4-620-32349-7